SONGS FOR A DEAD ROOSTER

ПІСНІ ДЛЯ МЕРТВОГО ПІВНЯ

ПІСНІ ДЛЯ МЕРТВОГО ПІВНЯ

Вибрані вірші

Юрій Андрухович

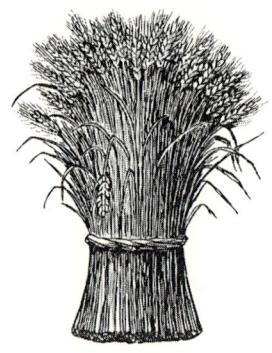

з української переклали

ВІТАЛІЙ ЧЕРНЕЦЬКИЙ *і* ОСТАП КІНЬ

Видавництво Лост Горс

Сендпойнт, Айдаго

SONGS FOR A DEAD ROOSTER

Selected Poems

Yuri Andrukhovych

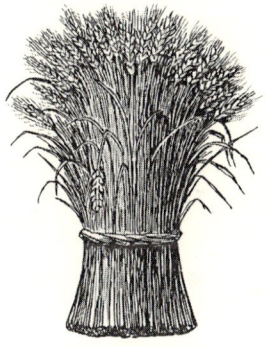

Translated from the Ukrainian by

VITALY CHERNETSKY *and* OSTAP KIN

LOST HORSE PRESS
Sandpoint, Idaho

ACKNOWLEDGMENTS

Earlier versions of Vitaly Chernetsky's translations of "Jamaica the Cossack" and "From India" were published in *A Hundred Years of Youth: A Bilingual Anthology of Twentieth-Century Ukrainian Poetry*, ed. Olha Luchuk and Michael Naydan (Lviv: Litopys, 2000). Earlier versions of his translations of "Glory to the Camels," "Guess Who Was My Guest," "I Wanna Woman," "Without You," and "Without You 2" were published by Poetry International Rotterdam (2004).

Earlier versions of Ostap Kin's translations of "Train Station" and "University" appeared in *Poetry International Online*.

Vitaly Chernetsky thanks Yuri Andrukhovych, Mark Andryczyk, Kateryna Botanova, Olha Luchuk, and Michael Naydan for the impetus and the feedback.

Ostap Kin thanks Polina Barskova for the inspiration, Vitaly Chernetsky for the invitation, Freya Crawford and Jazlyn Kraft for their feedback, and Grace Mahoney for her patience.

Series Editor: Grace Mahoney

Cover Art: Pavlo Piven
Yuri Andrukovych's Photograph: Rostyslav Shpuk
Vitaly Chernetsky's Photograph: Derek Kwan
Ostap Kin's Photograph: Polina Barskova
Book Design: Christine Holbert

FIRST EDITION

This and other fine LOST HORSE PRESS titles may be viewed online at www.losthorsepress.org.

LIBRARY OF CONGRESS CATALOGING-IN-PUBLICATION DATA

Names: Andrukhovych, IUrii, 1960- author. | Chernetsky, Vitaly, translator. | Kin, Ostap, translator.
Title: Songs for a dead rooster : selected poems / Yuri Andrukhovych ; translated from the Ukrainian by Vitaly Chernetsky and Ostap Kin.
Description: First edition. | Sandpoint, Idaho : Lost Horse Press, [2018] | Includes bibliographical references.
Identifiers: LCCN 2018030989 | ISBN 9780999199404 (trade pbk. : alk. paper)
Subjects: LCSH: Andrukhovych, IUrii, 1960—Translations into English.
Classification: LCC PG3949.1.N296 A2 2018 | DDC 891.7/934—dc23
LC record available at https://lccn.loc.gov/2018030989

THE LOST HORSE PRESS
CONTEMPORARY UKRAINIAN POETRY SERIES
Volume Two

ЗМІСТ

TABLE OF CONTENTS

II ПІСНІ ДЛЯ МЕРТВОГО ПІВНЯ

II SONGS FOR A DEAD ROOSTER

ПЕРЕДМОВА

ругою книгою у серії сучасної української поезії видавництво «Лост Горс Прес» випускає добірку віршів Юрія Андруховича (нар. 1960), одного з провідних письменників сучасної України. В той час як він добре знаний у світі як романіст і есеїст (зокрема, чотири його романи і збірка вибраних есеїв існують в англійському перекладі), в Україні він дістав визнання спочатку саме як поет, і поезія залишається важливою складовою його творчого доробку. Він є одним з засновників поетичного угрупування «Бу-Ба-Бу», яке постало у 1985 р. як ініціатива трьох поетів (Андруховича, Олександра Ірванця і Віктора Неробака). Його назва означає «бурлеск, балаган, буфонада», і від самого початку творчість його авторів характеризувалася відкритістю, плинністю структури, гетерогенністю інтертекстуальних зв'язків і загальною надмірністю форми. Для текстів бубабістів були характерні відкидання або радикальне спотворення традиційної темпоральності, а також свідоме інвестування в різні способи карнавальної трансгресії. Вони майстерно об'єднували грайливий поштовх до розслідувань, властивий постмодерністичному письму, із гострою критикою російсько-совєтського імперіялістичного утиску і закостенілих традиційних форм української національної іконографії колоніяльної доби. Їхнє перше велике публічне читання, яке відбулося у 1987 р., спричинило справжнє революційне зрушення в українському літературному середовищі.

Історія «Бу-Ба-Бу» як активної групи охоплює приблизно десятиліття, а пік активності припав на період між 1988 і 1992 роками. Поезоопера «Крайслер Імперіял», поставлена у Львові в жовтні 1992 р., вважається «апофеозом» руху. У середині 1990-х років нові індивідуальні проекти розвели трьох членів групи цілком різними шляхами. Однією з визначальних рис цього угрупування була орієнтація на публічний перформанс і на створення спільноти, безпрецедентні в українській літературі; наскільки мені відомо, «Бу-Ба-Бу» є єдиною літературною групою чи рухом

PREFACE

The second installment in Lost Horse Press' Contemporary Ukrainian Poetry Series presents a selection of poems by Yuri Andrukhovych (b. 1960), one of contemporary Ukraine's leading writers. While he is well known internationally as a novelist and essayist (four of his novels and a volume of selected essays are available in English translation), his recognition in Ukraine came to him first as a poet, and poetry remains a key part of his creative output. He is a founding member of Bu-Ba-Bu, a group formed in 1985 by three poets (Andrukhovych, Oleksandr Irvanets, and Viktor Neborak). Its name stands for *burlesk, balahan, bufonada* (burlesque, side-show, buffoonery), and from the outset the group's writing was characterized by openness, fluidity of structure, heterogeneity of intertextual links, and an overall formal exuberance. The Bu-Ba-Bists' texts are characterized by the suspense or radical distortion of traditional temporality, and by a conscious investment in various modes of carnivalesque transgression. They artfully fused the playful investigative momentum of postmodernist writing with an incisive critique of both the Russian/Soviet imperialist oppression and the fossilized traditional forms of colonial-era Ukrainian nationalist iconography, creating a truly revolutionary upheaval with their burst onto Ukraine's literary scene with the group's first public reading in 1987.

The history of Bu-Ba-Bu as a coherent group roughly spans a decade, while the peak of its activity falls on the years 1988–1992. The *poezoopera* (poetry-opera) *Kraisler Imperial* (Chrysler Imperial), staged in L'viv in October 1992, has been viewed the "apotheosis" of the movement. By the mid-1990s, new individual projects took the group's three members in very different directions. One of the group's major distinguishing features was its focus on public performance and community-creation, unprecedented in Ukrainian letters; to my knowledge, Bu-Ba-Bu is the only literary group or movement anywhere to acknowledge the

будь-де в світі, котра визнала творчий доробок Міхаіла Бахтіна важливим джерелом натхнення для своїх художніх практик (хоча бубабісти наполягали, що вони сформулювали основні засади групи ще до прочитання Бахтіна).

Твори бубабістів незмінно підтверджують українську культуру, надаючи їй нової життєвої енергії, але роблять це через руйнування всіх табу її закостенілих офіційних утілень (чи то совєтського, чи то антиколоніяльного/ націоналістичного ґатунку). Проте твори Андруховича від самого початку замірюються на рефлексивніший, дослідницький шлях, що проходить гібридним простором України, нації, що трощить свій колоніяльний і тоталітарний спадок і стає віч-на-віч із численними дилемами нових незалежних держав. З усіх бубабістів Андрухович, здається, найбільше перейнявся ідеями Бахтіна; він свідомо конструює свої тексти як дослідження карнавальності та ґротеску, але з постмодерністично-постколоніяльною субверсивністю та акцентом на гібридності.

«Козак Ямайка», вірш, що відкриває цю збірку, є одним з найяскравіших зразків цього підходу, і вважається «фірмовим» українським постколоніяльним текстом. Вірш бере чи не найпоширенішого персонажа українського народного живопису (а отже, важливу частину національної іконографії) — козака Мамая, якого зазвичай зображено, коли він сидить у тіні дуба, одягнений у вишиванку і шаровари, і грає на бандурі; поруч стоїть пляшка наливки, а його вірний кінь мирно пасеться поруч, прив'язаний до дерева. Цей образ, що вже сам по собі є цікавим поєднанням або зсувом парадигм (воїн не в славі бою, а в спокої, насолоджується земними утіхами) у вірші переноситься на Кариби. З одного боку, вірш натякає на основоположний текст української національної літератури, «Енеїду» Івана Котляревського (1798 р.), в якому олімпійські боги і античні герої перевдягнені в українські козацькі костюми, а героїчний епос перевернуто з ніг на голову і перетворено у пародійну комічну одисею. Але, з другого боку, він пропонує майстерну гібридизацію цієї квінтесенції української системи образів, виявляючи в такий спосіб її глибоку спорідненість із постколоніяльною карибською культурою.

writing of Mikhail Bakhtin as a major source of inspiration in its artistic practice (although the Bu-Ba-Bists insisted that they had formulated the central issues prior to reading Bakhtin).

The Bu-Ba-Bists' texts continuously affirm Ukrainian culture, infuse it with a new vitality, but do so by breaking all the taboos of its ossified official incarnations (whether Soviet or anti-colonial/nationalist). Yet the writings of Andrukhovych from the outset embarked on a more reflexive, exploratory course that charts its way through the hybrid space of Ukraine, a nation shedding its colonial and totalitarian legacy and facing the numerous dilemmas of newly independent nations. Of all the Bu-Ba-Bists, Andrukhovych seems to have taken Bakhtin's writing closest to heart, consciously constructing his texts as explorations of the carnivalesque and the grotesque—but with a postmodern/postcolonial subversiveness and a stress on hybridity.

"Jamaica the Cossack," the poem that opens this volume, is a prime example of this kind, and has been called Ukraine's "signature" postcolonial text. It takes up perhaps the most widespread subject of Ukrainian folk painting (and hence a prominent part of national iconography), "Kozak Mamai" ("Mamai the Cossack"), who is usually depicted sitting by a shady oak, dressed in an embroidered white shirt and *sharovary* (traditional baggy trousers), playing a bandura (a lute-like string instrument); next to him a bottle of liquor; his trusted stallion nearby, tied to the tree, peacefully grazing. This image, which in and of itself already presents a curious amalgam or slippage of paradigms (a warrior not in the glory of a battle, but at rest, enjoying earthly pleasures), is further altered by the poem, transporting the scene to the Caribbean. On the one hand, the poem alludes to the founding text of Ukrainian vernacular literature, Ivan Kotliarevsky's 1798 *Eneida (The Aeneid),* in which Olympic gods and ancient heroes are travestied into Ukrainian Cossack garb, and the heroic epic is turned upside down into a burlesque comic odyssey. But on the other, it offers a masterful hybridization of this quintessential Ukrainian icon, thus revealing its profound kinship

Фрітаун, у буквальну сенсі — місто свободи, у вірші перетворюється на утопічну ціль, яка завжди на горизонті; герой переповнений прагненням, але врешті-решт, здається, він віднаходить внутрішній спокій, граючи на флейті з цукрового очерету і розчиняючись у заході сонця.

Ця книга містить вибрані тексти з двох відмінних періодів поетичного доробку Андруховича. Перший охоплює 1980-ті та початок 1990-х років та пов'язаний із активністю «Бу-Ба-Бу»; вірші в цій частині взяті з ретроспективної збірки під назвою «Листи в Україну», що вийшла у 2013 р. Потім, після кількарічного зосередження творчих зусиль на прозі, Андрухович повернувся до написання поезії на початку 2000-х, але у новий, відчутно інший спосіб. Вірші цього періоду увійшли у збірку «Пісні для мертвого півня» (2004 р.).

Ці пізніші тексти репрезентують інакшого Андруховича: старшого, з багатим досвідом подорожей, в переході від життєрадісних настроїв ранньої доби до приглушеного, меланхолійного тону. Своєю естетикою ці тексти ближчі до американських поетів Нью-йоркської школи, а також до їхніх послідовників, групи польських поетів посткомуністичної доби відомих як «о'гаристи». Їхнє «творчо неправильне прочитання» О'Гари, Ешбері, Скайлера та інших в свою чергу «творчо неправильно» прочитується Андруховичем в цих віршах. Для цих текстів, вкорінених в автобіографічному «тут і тепер», характерний сміливий, свіжий голос; вони освіжаюче відкриті, і водночас крихкі і невимушені. Мабуть, найважливіше те, що пізнішій поезії Андруховича вдається, у справді вражаючий спосіб, поєднати, з одного боку, заглиблення у найрізноманітніші проблеми, комплекси і неврози постсовєтсько-постколоніального стану, в якому перебуває українська культура, а з другого, підкреслену взаємодію із процесами культурної глобалізації. Ми запрошуємо читачів приєднатися до подорожі, окресленої цими віршами — водночас глибоко особистими і відкритими до світу в усій його красі і суперечливості.

—Віталій Чернецький

with postcolonial Caribbean culture. Freetown, literally the city of freedom, in the poem becomes the ever-receding utopian goal; the protagonist overflows with longing but in the end seems to find inner peace, playing a sugar cane flute on the ocean shore and dissolving into the sunset.

This volume gathers selections from two distinct periods of Andrukhovych's poetic output. The first spans the 1980s—early 1990s, associated with the Bu-Ba-Bu era, and is taken from the retrospective collection titled *Letters to Ukraine*, published in 2013. Then, after focusing on prose for several years, Andrukhovych returned to poetry writing in the early 2000s, but in a distinctly different mode. Poems of this period were gathered in the collection *Songs for a Dead Rooster* (2004).

The later poems represent a different Andrukhovych: older, well-traveled, moving from early exuberance to a more subdued, melancholic tone. These poems are closer in their aesthetics to the American poets of the New York School, and also to their followers, the group of postcommunist-era Polish poets known as "the O'Haraists." Their "creative misreading" of O'Hara, Ashbery, Schuyler and others is, in turn, "creatively misread" by Andrukhovych here. Rooted in the autobiographical here and now, their voice is bold and fresh, refreshingly open, fragile, and unaffected. Perhaps most importantly, Andrukhovych's later poetry manages to combine, in a truly impressive fashion, the rootedness in all the problems, complexes, and neuroses of the post-Soviet/postcolonial double bind, in which Ukrainian culture finds itself, on the one hand, and the emphatic engagement with the processes of cultural globalization, on the other. We invite the readers to join the journey shaped by these poems, both deeply personal and open to the world in all its wonder and contradictions.

—*Vitaly Chernetsky*

I НАЧЕРКИ ПОДОРОЖНЬОГО

I TRAVELER'S NOTES

КОЗАК ЯМАЙКА

о скільки конику-братику крутих чудасій на світі
дивився б допоки круки не вип'ють очей а мало
по сей бік багама-мама по той бік пальми гаїті
і вежі фрітауна бачу як вийду вночі з бунгало

і так мені з того гризько що вицвіли всі шаровари
якого лисого чорта з яких попідземних фаун
та й зрадили нас у битві морські косарі корсари
а батько ж хотіли взяти отой блаженний фрітаун

а там тринадцять костьолів і вічна війна з амуром
а ще тринадцять безодень де срібло-злото коморне
дівчата немов ліани нечутно ростуть за муром
і хочеться їм любитись а їх зодягли у чорне

кружаю тепер сивуху надвоє з піратом діком
кажу йому схаменися кажу покайся паскудо
невже коли ти з європи то вже не єси чоловіком
якого хріна продався за тридцять гнилих ескудо

а дік то химерна штучка плекає папугу пугу
плеще мене позаплічно заламує руки в горі
оце тобі лицар з лугу ось о тобі зелепугу
to be or not to be каже і булькає I'm sorry

невільницю каже маю зі шкірою мов какао
купи сизокрилий орле маркотно ж без господині
город засівати не конче прицмокує так лукаво
город на ній проростає тютюн ананаси дині
наплодиш каже козацтва припнеш усіх до коша
тільки ж ярму не дається шия моя душа

JAMAICA THE COSSACK

oh how many tough miracles are out there my stallion my brother
i'd gaze at them until ravens drink up my eyes but still would want more
on this side is bahama mama on the other the palms of haiti
at night stepping out of the bungalow i see the towers of freetown

and it makes me feel so frustrated that our sunday best have faded
what the hell for, out of which underground faunas
the sea mowers-corsaires betrayed us in the battle
when father wanted to take that blessed place, freetown

there they have thirteen churches and an eternal war with cupid
and also thirteen abysses where silver and gold are hidden
young girls there are like vines growing quietly behind the walls
they're dying to make love but they have been dressed in black

and now i drink moonshine together with dick the pirate
i tell him come to your senses, repent i tell him you bastard
is it really that if you're european you don't have to be a man
why the fuck have you sold yourself for thirty rotten escudos

and dick he's a weird one he strokes a piebald parrot
pats me on the shoulder wrings hands up high
here's a knight errant for you here's all that green stuff
to be or not to be he says and burps *i am sorry*

he says i have a slave girl with skin the color of cocoa
buy her oh my grey eagle it's tough without a woman
no need to plant a garden he adds chuckling slyly
a garden grows out of her body with tobacco pineapples melons
you'll make a lot of little cossacks take all of them into your host
however my neck my soul does not yield to a yoke

та вже його і не чую плюю на плюгаву супліку
конику мій невірнику апостоле мій хома
піду на зорю вечірню
зріжу цукрову сопілку
сяду над океаном
та вже мене і нема

but i do not even hear him i spit on his miserable entreating
my stallion my unfaithful one my thomas the apostle
i will go out at sunset
make a flute out of sugar cane
sit down by the ocean
and now i am no more

[VC]

НОВІ ЕТЮДИ БУДІВЕЛЬ

Касарня

ми навіть її не бачимо і не знаємо яка вона
адже вдосвіта вибігаємо з неї і повертаємось
коли споночіє
певно вона мурована
ще й досі в ній пахне людським потом
і сіном зі стаєнь гусарського реґіменту
здається має кам'яні сходи
а коли ми шкребемо її безкінечно чорну підлогу
відламками шкла і тупими бритвами
то здається шкребемо спину великого кита
вгрузлого в мілину
у листопадовій пітьмі шостої ранку
лунає сурма побудки
розлучивши кожного з його нічними дівчатами
і під хрипкі погрози капралів
друга чота зіскакує на голови першій
ми ніяк не можемо розтулити очей і руки
все ще тягнуться за дівчатами котрі відпливають
і так починається день

NEW ETUDES OF BUILDINGS

Barrack

we don't even see it and don't know what it is like
since at dawn we run out of it and come back
after dusk
it's probably laid in bricks
even now you smell the human sweat
and hay from the hussar regiment
it seems it has stony stairs
and when we scrub its endless black floor
with the glass pieces and dull blades
it seems we scrub the back of a giant whale
stuck in a sandbank
in a November darkness at six in the morning
the wake-up alarm rings
parting each from his nightly visions of girls
and along with the hoarse threats of corporals
the second platoon jumps on the heads of the first
we cannot open our eyes and our hands
still stretch out to catch the girls setting sail
and this is how a new day begins

[OK]

6

Вокзал

отут ми прагнемо сісти в потрібний поїзд
слідуючи за дороговказами поспішаємо
крізь тісні коридори між клунками й валізами
нам ніколи вгору глянути де під кулястим склепінням
повисла запорошена тьмяна
флорентійська люстра
стискаємо спітнілі мідяки як пружину
шикуємося в безладні черги
над нами гіпсовий настінний путті десятих років
дме в позолочений ріжок іноді
глянемо в бік знудженої блондинки
що притулившись до колони їсть яблуко
врешті виринаємо
на пропахлому пивом і трояндами пероні
когось цілуємо просимо не забувати сумніваємося
чи знайшли своє місце
аж поки не відірвемось від землі
і м'яко рушимо
заспокоєні дивимось з вікон як жовкнуть
перші дерева в приміських лісах

Train Station

here we long to board the right train
following the maze of signs we hasten
through cramped corridors between bundles and suitcases
we don't have time to look up to where under the spherical vault
hangs the dusty and dingy
Florentine chandelier
we compress sweaty copper coins like springs
we form disorderly lines
above us a plaster wall-mounted putto from the 1910s
sometimes blowing into his gilt horn
we throw a glance at a bored blonde girl
who eats an apple while leaning against a column
finally we reach the platform
impregnated with beer and roses
we kiss someone we beg them not to forget we hesitate
searching out the right seat
until we release ourselves from the earth
and softly depart
soothed we look through the windows at the first trees
turning yellow in the suburban woods

[OK and Adam Brodsky]

Університет

ми послуговуємось мертвими мовами
ходимо безпорадні серед астролябій реторт
черепів
з висоти земляного валу слухаємо
дзвін миколая на брукованому подвір'ї слухаємо
красномовного ритора заляпаного крейдою цицерона
на уроках медицини зазираємо в очі
мерцям
ховаємо в кишенях тютюн і нецнотливі малюнки
вранці чемно ступаємо за капеланом
жбурляємо в котів малими філософськими камінцями
опівдні втікають від нас
найдотепніші силогізми і формули адже
поруч за крутими вогкими мурами
саме розвішує щойно випрану
мокру ваговиту
білизну
медова служниця підстарости

University

we use dead languages
helpless we walk along retorts along astrolabes and
skulls
from the heights of ramparts we listen
to the clanging of St. Nicholas on pavement
we listen to the eloquent rhetorician Cicero filthy with chalk
during medical lessons we peep into the eyes of
dead people
we hide tobacco and sleazy sketches in our pockets
in the morning we obediently follow our chaplain
we throw little philosophical stones at the cats
at noon the wittiest syllogisms and formulas
run away from us because
on the other side of the steep damp wall
a luscious maid of the assistant mayor
hangs up just-laundered
wet dripping
underwear

[OK and Adam Brodsky]

10

Гробниця

і ось ми зібралися всі разом ціла родина
коли цвинтарні служки відітнули
непевний промінь за останнім з нас
ми знову зустрілися як за останніх часів
гри на біржах
катання на фіакрах
недільних балів у заміському клубі
лежимо на твердій підлозі
під мармуровою чашею
що від палого листя й дощівки тяжка
та все ж у пристойному товаристві
праворуч цукровий маґнат
ліворуч оперний тенор
не чуємо як тече вода шумить вітер але
іноді глухої нічної пори здригаємось
коли затягне лайдацьку пісню молодь
повертаючись пізно з танців
у робітничі передмістя

Tomb

we all gathered here the whole family
when cemetery workers shut out
the final uncertain ray for the last among us
we met again like in the old times of
stock market gambling
fiacre rides
Sunday balls at a club outside the city
we lay on a hard floor
under a marble chalice
heavy from fallen leaves and the rain
yet in decent company
on the right a sugar magnate
on the left an opera tenor
we don't hear the water running or the wind blowing but
at times during dead silence at night we shudder
when the young ones launch into a filthy song
coming back late from the dances
to their working-class suburbs

[OK]

Бібліотека

ми шукаємо щонайточніших знань
драбинами сходимо на вищі поверхи книгозбірні
нишпоримо по стелажах спільно з павуками
здіймаючи крейдяні хмари під стелею
мов на вершині стрімкої вежі
почуваємося повітряними гімнастами
аж забиває дух і ледве
втримуєм рівновагу
поринаємо в найтовщі томи без надії колись
вибратися
книги поглинають нас як моря
хапаємось руками за різьблені виступи
сяк-так тримаємось на поверхні
і коли вже цілком підупадем на силі
засапані обсипані штукатуркою
здається знаходимо
в гущавині сап'янів та коленкорів
притулене до стіни
легке і тепле
гніздо
вуличної ластівки

Library

we look for the most precise knowledge
on ladders we scale the highest floors of the library
we rummage through the stacks alongside spiders
raising chalk clouds under the ceiling
as if atop the steepest tower
we feel like aerial gymnasts
out of breath and barely
keep our balance
we dive into the thickest volumes no longer hoping
to ever get out
the books consume us like the sea
we grip carved protrusions
barely able to stay afloat
and when we're about to run out of strength
sneezing and covered in plaster
it feels like success to find
in the thickness of goatskin and leather
pressed tightly against the wall
the light and warm
nest of
a street swallow

[OK]

Лікарня

ми стаємо щоразу легшими
о десятій ранку по закінченні процедур виходимо
всі в однакових фланелевих піжамах
в наших рухах дедалі більше невагомості
ходимо парком старої садиби
граємо в доміно біля гіпсової купальниці над водою
по обіді граємо в доміно у палатах
іноді нянька висварить когось
хто наслідив калошами на музейному килимі
граємо в доміно дивимось у вікна
часом повз оранжерею і літню альтанку
проносять когось такого
з головою вкритого твердим простирадлом
їмо яблука
в наших очах щораз більше ясності
до пізньої ночі тишком розповідаємо анекдоти
водночас прислухаємось
коли ж нарешті вирине з лісосмуги
той сліпучий експрес далекого прямування

Hospital

every time we become lighter
at ten in the morning after the end of procedures we all
go out wearing identical flannel pajamas
our hands contain more weightlessness
we walk in the park of an old estate
we play dominoes by the plaster bathing beauty by water's edge
after lunch, we play dominoes in our wards
sometimes an orderly would yell at one of us
for having left tracks from galoshes on a museum carpet
we play dominoes and we gaze at the windows
at times by the greenhouse and the summer gazebo
they carry someone out with
his head covered by a heavy blanket
we eat apples
there is more and more lucidity in our eyes
late into the night we quietly share jokes
while also listening earnestly
for that blinding long-distance express train
to finally emerge from a forest belt

[OK]

16

Планетарій

вчимося бути далекоглядними
недільного дня тяжіємо до повчальних розваг
видовищ
розглядаємо небо зі сферичної башти
випнутої мов око циклопове
неподалік чортового колеса та літньої естради
витками сходами прямуємо до зірок
припадаємо до телескопа мов до дерева
наводимо різкість в окулярі
ця чудодійна гармата для споглядання висот
показує нам парад планет
на цупкому картоні небесної мапи
засвічуються одне за одним електричні сузір'я
хочемо запам'ятати їхні назви
адже навколо стільки туманностей
нетерпляче питаємо коли ж буде
чумацький шлях
зійшовши знову на землю
стріпуємо з плечей місячний пил
п'ємо лимонад у павільйоні навпроти
саме тут і саме сьогодні
випадково
навіки

Planetarium

we learn to become farsighted
on Sunday mornings we favor didactic entertainment spectacles
we observe the sky from a spherical tower
as bulgy as the eyes of cyclops
not far from a Ferris wheel and a summer stage
we head by winding stairs up to the stars
drop down to a telescope like to a tree
adjust the sharpness in an eyepiece
this magical cannon that observes the heights
demonstrates to us the parade of planets
on the firm cardboard of a heavenly map
electric constellations light up one after another
we would like to remember their names
for a dense nebulosity is around us
we impatiently ask when we're going to see
the Milky Way
having descended again onto the land
we shake the moon's dust off our shoulders
drink lemonade at a pavilion directly across
exactly here and exactly now
accidentally
forever

[OK]

ТАНҐО «БІЛА ТРОЯНДА»

Десь поміж двадцятими, поміж тридцятими,
поміж дахами, балконами й вивісками,
в надвечірнім затемненні сніжного міста
снується танґо безпритульне,
вигадане студентом консерваторії на узбіччі хідника
з допомогою акордеона, романтичних уявлень і голоду.
Акордеон виливає таку аргентинську пристрасть,
аж у серцях перехожих попівен спиняється кров,
і мандрівні папіросниці гостроплечі
чорну фарбу виплакують з тихих очей,
і газетні хлопчиська в картузиках
тупочуть у такт босоногими черевиками,
і нетанучі профілі хутряних пасажирок
напівобертаються з авт і фіакрів,
а меланхолійний добряк поліцейський
відпускає, зворушений, з Богом дільничного прошака —

перші ніжні поривання
поцілунки і зітхання
і твоя тремтяча рука

І кожен музичний мідяк це визнання,
це шанс не померти з голоду, стати генієм,
перепустка до ювілейного залу,
десь поміж п'ятдесятими й шістдесятими,
де статурне сопрано і тенор з широким ротом
[і коли він його роззявляє
на люстру летять солов'ї],
де вишивана публіка так достигає оваціями,
ніби чорна хмара гнівним дощем,
де медалі, і лаври, і сльози на бюстах хористок,
де немає зимового танґо, забутого ще у тридцяті,

WHITE ROSE TANGO

Somewhere between the twenties and the thirties,
between the roofs, balconies, and marquees
in the evening dimness of a snowy city
rambles a homeless tango
invented by a conservatory student on the curb of a sidewalk,
with the help from an accordion, romantic longings, and hunger.
The accordion produces such an Argentinian passion
that blood stills in the hearts of passing-by priests' wives,
and the wandering sharp-shouldered cigarette vendors
cry black mascara from their calm eyes,
and the newsboys in caps
stomp in a rhythm, sockless in their boots,
and the lingering profiles of fur-clad female passengers
half-turning from their cars and fiacres,
and a melancholic kindhearted policeman,
touched, releases the district beggar—

the first tender inclinations
kisses and trepidations
and your trembling hand

And each coin of tips is recognition,
a chance not to die from hunger, to become a genius,
a pass to the jubilee hall,
somewhere between the fifties and the sixties,
where there is an imposing soprano and a wide-mouthed tenor
[and when he opens it
nightingales fly onto the chandelier],
where the dressed-up audience ripens full of ovations,
like a black cloud of wrathful rain,
where there are medals, and laurels, and tears on the bosoms
    of choir girls,
where the wintertime tango doesn't exist, long forgotten
    back in the thirties

а колючі, мов терня, красуні тобі несуть квіти,
і шукаєш у пустці невидимий акордеон,
але профіль тінистий напівобертається в ложі,
щоб тобі посміхнутись прихильно,
щоб закликати поночі, ніби в утрачений сад,
у прожиті міста, у стемнілий віддалений рай —

перші неспокійні ночі
перші муки снів дівочі
і найперше слово – кохай

Наче в мушлю, сповзав ти по сходах додолу,
обіймаючи акордеон, мов талію прачки,
і невже це був ти, і невже ти до танцю їм грав,
цим немитим гостям опівнічних прокурених кнайп,
цим укладачам бруку і швачкам,
вуглярам, ковалям, копачам, сажотрусам, повіям,
і невже це вони, проштовхавшись до твого плеча,
все горланили: «Білу троянду-у!».
І за першими тактами більшали очі
недорослих танечниць, що, вену вколовши,
вилітали попарно на світло, немов на поміст,
і здіймалися білі ключиці в порівній задусі . . .
І тоді в цьому димі, в цих випарах, там,
поміж двадцятими, поміж тридцятими,
так розмито й непевно напівобертається профіль,
і ти ладен померти, і знову це танґо, і знов —

перші клятви і моління
перші стогони й боління
і таємна перша любов

and beauties prickly like thorns bring you flowers,
and you look for an invisible accordion in the void,
but a shady profile half-turns in a theater box
to smile at you knowingly,
call you at night, like into a long-lost garden,
into the cities you used to live in, into the dusky remote paradise—

the first restless nights
the first torments of dreams about girls
and the very first word–love

Like into a seashell, you slip down the stairs,
embracing the accordion like the waist of a washerwoman,
was this really you, did you really play for them to dance,
for these unclean guests at nighttime smoke-filled taverns,
these street-pavers and tailor-women,
coal miners, blacksmiths, diggers, chimney-sweeps, prostitutes,
was it really them, who after elbowing their way to your side,
shouted: "White Rose tango-o-o!"
And after the first rhythms the eyes grew bigger
of the young women dancers who, having shot up in their veins,
flew out in pairs to the light like onto a stage
and the white clavicles rose up in a stifling gust . . .
And in this smoke, in this vapor, there,
between the twenties and the thirties,
so blurrily and uncertainly a profile half-turns,
and you're ready to die, and this tango repeats again, and again—

the first oaths and pleas
the first moans and pains
and the secret first love

[OK]

22

ФОРТЕЧНИЙ ПРОВУЛОК

Це похід зі ста тридцяти кроків.
Це вежі, яких немає. І найтонша
квітнева трава.
Заповіднику мурів і вікон,
ти, тьмяний мій пане,
певно, й досі ховаєш у надрах
великі й малі кульбабки.
Ущелино чорних котів і спізнілих
студенток, ти й досі ще пахнеш
мерцями.
А ці підозрілі майстерні
зі сходами в темінь! А ці
піврозхилені двері, з яких завжди щось
виносять: коробки з-під помаранчів,
розбиті дзеркала, мотки перфострічки.
Якою короною звалища
зяє в тобі клавесин! Крізь поламані ребра
вилітають шпаки і сонати.
І ти — мов останній рубіж оборони,
не знати від кого. І прозора
квітнева трава.

FORTRESS ALLEY

This walk consists of one hundred thirty steps.
The towers that don't exist. And the slimmest
grass of April.
You, the reservation of walls and windows,
my dimly lit master,
you probably still conceal in your bosom
giant and tiny dandelions.
The gorge of black cats and female students
that are running late, you still have the smell of
corpses.
And these suspicious studios
with the stairs leading into darkness! These
half-open doors from which something is always
being carried out: crates that used to hold oranges,
broken mirrors, reels of punched tape.
Like the crown of a landfill a cembalo
gapes in you! Through broken ribs
fly starlings and sonatas.
And you, like the last line of defense,
not knowing against what threat. And the translucent
grass of April.

[OK]

«ЮРЦЬО ДРОГОБИЧ,
НА ПРІЗВИСЬКО ТЕЖ КОТЕРМАК . . .»

Юрцьо Дрогобич, на прізвисько теж Котермак,
поночі крався у вежу, з якої все видко, —
сходи рипіли, тремтіла над оком зоря.
Все, що ти можеш — пізнати невидимий рух
війн і чуми, і вогненних коліс
на таємному атласі ночі.
Все, що ти годен — здійматись у вежу,
папі писати цидулу про недорід
і розмовляти латиною там,
де від тебе чекають самопожертви.

Пахло щурами. З вежі виднівся космос.
Юрцьо, ректор Болонського etcetera,
бачив у небі всілякі країни світу.
Все, що ти бачиш — хіба що хвіс
від комети, яка розцвіла
над чернечими снами Європи.
Все, що ти видиш — хіба що качан,
дірка від бублика, слід чумацької валки,
що споконвіку мандрує в нікуди
з пропахлих вогнем україн.

Спурхнули нетопирі. Юрцьо побачив
на небі Дрогобич: залатаний мертвими мур,
два костели, дзвіниця і церква Святого Юра.
Все, що ти годен — закрити при цьому очі.
Згусла в сорочці рана, дірка понура,
всмоктує в тебе таємні пророцтва ночі.

UNTITLED

Yurtsio Drohobych, alias Kotermak,
at night sneaked into a tower from which you see everything—
the stairs crackled and a star trembled above the eyes.
All you can do is grasp the invisible movement of
wars, plagues, and fire wheels
in the mysterious atlas of night.
All you're capable of is to climb up a tower,
write an epistle to the Pope about the poor harvest
and talk in Latin in places where
they expect self-sacrifice from you.

It smelled of rats. From the tower you see the cosmos.
Yurtsio, rector of the University of Bologna etcetera,
saw various countries of the world in the sky.
All you see is just a tail of
the comet that blooms
above the monastic dreams in Europe.
All that you can see is but a cob,
a donut whole, a trace of the salt traders
that travel through ages into nowhere
from ukraines saturated with fire.

The bats puffed up. Yurtsio noticed
Drohobych in the sky: a stony wall mended with corpses,
two Catholic churches, a bell tower, the Orthodox Church of St. George.
All you are capable of is closing your eyes at this moment.
A shirt concealing a wound, a gloomy hole,
it sucks into you the secret prophecies of night.

Все, що ти знаєш — калач, переламаний навпіл,
не зліпиш докупи. Дні твої, наче вода.
Небо запнулося чорним. Дописуєш Папі:
сього року, здається, знову рушить орда . . .

All you know is that a loaf broken in two
can't be put back together. Your days are like water.
The sky became covered with black. You write to the Pope:
it seems, this year the horde will march out again . . .

[OK]

ЛИПНЕВІ НАЧЕРКИ ПОДОРОЖНЬОГО

[Темниці]

Липи в час доцвітання стоять золоті,
безгомінні.

«Було тут кілька темниць», — сказав
Неборак. О відлуння колишніх льохів
з назвами, як у дівчат чи винарень —
«Доротка», «Під ангелом» і та, найлютіша —
«Татарня», де очі вмирали найперше,
і світло ховалось під пахви,
в роти без'язикі!

Ця тиша тепер ні до чого. Це навіть не
меморіал. І не річку загнано в труби.
Хоч кожен з нас міг би сказати:
«Липи в час доцвітання — зорі, що гаснуть.
Повні трамваї дівчат».

TRAVELER'S NOTES IN JULY

[Dungeons]

Linden trees stand golden and noiseless in the time of
fading blossoms.

"Over here were a few dungeons," Neborak
said. Oh, the former cellars echo with
the names that girls or wineries carry,
Dorothy, Under the Angel, and the most ferocious
Tartary where the eyes died first,
and light hid under an armpit,
into tongueless mouths!

Silence doesn't matter anymore. This isn't even a
memorial. And this isn't a river that was driven into pipes.
Still each of us could have said:
"Linden trees at the end of the blossoming season are withering stars.
Trams are filled with girls."

[OK]

[Річка]

Зійшовши до річки, ми воду
торкнули руками.

У липні так любимо тіло води,
що втікає між пальців.

Сто млинів було там, сто млинових
коліс і зелені застояні плеса,
де риба ловилася в руки.
Очерет, наче царства, держави з латаття —
усе було річка.

Теплі схови в піску
залишалися наші й не наші,
хололи до ранку.

Скільки нас не збулось,
переходячи міст понад Полтвою,
скільки
перейшло через міст і назавше
пропало в гущавині правого берега?

[River]

Having approached the river, we touched
water with our own hands.

In July we love so much the water's body
that runs away between the fingers.

A hundred mills were there, a hundred
mill's wheels and green stagnant pools
where we could catch fish with our bare hands.
Common reed is like kingdoms, countries are water lilies—
it all was *river*.

Warm concealment in the sand
remained ours and not,
became cold by the morning.

How many of us did not make it,
crossing the bridge over the Poltva,
how many
crossed the bridge and vanished
for good in the thicket of the right bank?

                                                                    [OK]

[Цвяхарня]

Хтось казав: «Ми не ті.
Ми присутні в тунелях і вікнах,
але нам не дійти до старої цвяхарні
за рогом».

Зостається сідати на сходах,
співати.

Може, так подолаємо стіни, припнемо
голоси до камінних цурпалків
і витремо очі?

Може, так і почують нас ті,
що чекають за рогом?

Зостається шукати себе,
і останній сірник, що в найдальшій
кишені,
колючий, як цвях.

[Nail Factory]

Someone said: "We are not those ones.
We're present in tunnels and windows,
but we cannot get to the old nail factory
around the corner."

It remains only to sit down on the stairs
and sing.

Maybe this way we could overcome the walls, chain
the voices to a stony log
and wipe our eyes?

Maybe this is how they will hear us,
those who wait around the corner?

It remains only to look for yourself,
and the last match in the most remote
pocket is
as sharp as a nail.

[OK]

[Пиво]

Ми терпляче прожили годину
липневої спеки.
Мотоцикли минулих епох і старі арбалети
лишились позаду.

Золота незасвічена Роза. Й сімсот
неспокійних та спраглих атлетів
з пересохлими вусами й нервами.

Пиво, рятуй нас! Купання
для гострих твердих борлаків
чоловіцтва в загарбаній вежі.
О як ми слухняно чекали!

Кожен ковток є причастям.
Рани від стріл проступають
під сорочками.

[Beer]

We patiently lived through an hour
of heat in July.
Motorcycles from previous epochs and old arbalests
left behind.

The unlit Golden Rose. Seven hundred
restless and thirsty athletes
with overly dry mustaches and nerves.

Beer, save us! You're a swim
for the pointed and hard Adam's apples of
manhood in a captured tower.
Oh, how patiently we waited!

Every sip is a communion.
Wounds from arrows ooze
beneath the shirt.

[OK]

[Дух]

Дозволь мені кружляти над тобою.

Я знав Йосифу Кун, я знав ще кількох жінок.
Песій Ринок вітав мене песім гавкотом,
а черниці з вулиці Сакраменток
ховалися в нішах.

Ані разу не вигнав мене Макольондра,
я завше мав гроші і розум.

Покажи *своє* місто. Я хочу
йти за отими дівчатами
в сукнях червоних.
Я хочу дзвонити
з оцих телефонних кабін.

Я хочу набрати номер Йосифи Кун
і почути,
як вона скаже:
«Дозволь мені кружляти над тобою».

[Spirit]

Let me hover above you.

I knew Josepha Kuhn, I knew a few other women.
The Dog Market welcomed me with barking,
and nuns from Holy Sacraments Street
hid in the niches.

Makolondra never kicked me out,
I always had the money and the wit.

Show me *your* city. I would like to
follow those girls
in red dresses.
I would like to call from
those telephone booths.

I would like to dial the number of Josepha Kuhn
and hear
her saying:
"Let me hover above you."

[OK]

[Забуття]

Так, наче брама — то вхід.
Є міста, до яких неможливо
зайти через браму.
Є міста, до яких неможливо
зайти.

І приносять великий ключ, і шукають,
куди б устромити, але
брам немає, сторожа зітерлась
на порох. Сім вітрів розкошують
на площах і в залах.

Навсібіч передмістя відкрито, сторожа
виростає зелена й пругка.

«Замарстинів, Кульпарків, Клепарів», —
перелічуєш майже вголос,
та ніяк не згадаєш, як зветься
дерево,
до якого вона вже не ходить.

[Oblivion]

As if the gates are the entrance.

There are cities that can't be
entered through the gate.
There are cities that can't be
entered.

They bring a huge key and look for
a place to insert, but
there aren't any gates, the guards rubbed off
into ashes. Seven winds luxuriate
on the squares and in the halls.

The outskirts are wide open, the guards
grow up green and taut.

"Zamarstyniv, Kulparkiv, Klepariv,"
you count the names almost aloud,
but you can't recall the name
of the tree
to which she no longer walks.

[OK]

[Ребро]

Я віддав би своє ребро
в анатомічну майстерню.

Там велетенські серця різників і коханців,
обвислі й надуті легені курців,
трубачів і склодувів,
меланхолійні пияцькі нутрощі,
татуйований орден героя [акурат над соском]
і руки останнього ката
по дванадцятім вироку.

Ані слова про інші витвори.

Я віддав би своє ребро.
Може, щось вийшло б із нього —
якась рибина,
чи жінка,
чи гілка
забутого дерева
ґінкго.

[Rib]

I'd donate my rib
to the anatomy room.

There are the immense hearts of butchers and lovers,
the flabby and puffed up lungs of smokers,
trumpeters and glass-blowers,
a forlorn drunkard's guts,
the tattooed badge of a hero [right above the nipple]
and the hands of the last executioner
after the twelfth sentence . . .

Not a word about other products.

I'd donate my rib.
Perhaps something would come out of it—
a certain fish,
or a woman,
or a branch
of a forgotten tree
the ginkgo.

[OK]

[Замок]

Прогулянка кіньми — велика приємність.

Та нам зостаються лиш кухні
в задвірках сецесій —
просторі прокурені гнізда,
де гори немитого посуду й чаші
з піщаними квітами, де
у кранах сухих ледь пульсує
волога зелених боліт.

Посіймо попіл на стіл
і пролиймо невипиті краплі.

Брате, намацай отам на стіні вимикач —
я не бачу тебе,
бо до ранку ще триста хвилин.

А панство і челядь поснули,
і коні поснули,
і нам не ввійти в ці кімнати.
Вони не покличуть.

[Castle]

A horse ride is a great pleasure.

Although we're left out with only the kitchen
in the backyards of secession
spacious smoked-filled nests
where mounds of dirty dishes and cups
with gritty flowers, where
in dry taps barely pulses
the dampness of green puddles.

Let's sow ash onto a table
and spill the unfinished drops.

My brother, find a light switch on the wall—
I can't see you,
and we still have three hundred minutes until morning.

Masters and servants fell asleep.
and horses fell asleep too,
and we can't enter these rooms.
They will not call us.

[OK]

[Ринок]

Замок зіходив на землю все меншими
замками,
з одною-єдиною баштою,
де графи колишні ставали поволі
фігурами з воску, жокеями,
фотопортретами.

Здрібніння квартир і мансард,
навіть шахових партій в альтанках,
відбилось на нашому настрої —
хотілося пити.

І врешті, зійшовши по Лисенка, де
обличчя у вікнах, немов стародруки,
побачили ми,
як доми продаються, полотна, гравюри,
дівчата.

З «Татарні» світило підземне крило.

[Market]

A castle descended onto the ground with smaller castles,
with a single tower
where the former counts slowly turned into
wax figurines, jockeys, and
photographs.

The lessening of apartments and attics,
even the chess games in the arbors
impacted our mood—
we wanted to drink.

Finally, after walking up Lysenko Street, where
faces in the windows are like old books,
we saw
houses, paintings, engravings, and girls being
sold.

An underground wing gleamed from *Tartary*.

[OK]

[Коло]

Місто немов сузір'я.

Як часто, блукаючи, йшли ми
на світло домів, від яких
не лишилося й каменя!
І хто нам повірить, що йшли ми на світло?

Як часто шукали ми гирло,
і міст, і причал
в опівнічних пустинях дворів,
та хто нам повірить, що річка була тут?

Тільки крізь нас переходять міста
у непам'ять.
Ми вимовляємо їх
і знаходимо іншими. Втім
вранці виходиш на площу і все впізнаєш:

Липи в час доцвітання стоять золоті,
безгомінні.

[Circle]

The city is like a constellation.

How often, wandering around, we followed
the lights coming from houses of which
not one stone remained!
And who would believe that we followed the light?

How often did we look for a source,
a bridge, and a berth
in the midnight deserts of yards,
and who will believe that the river was here?

Only through us the cities pass through
into oblivion.
We pronounce them
and find them different. Although
in the morning, you enter the market square and recognize it all:

Linden trees at the end of the time of blossom stand golden,
noiseless.

[OK]

48

ПОШУКИ ВЕРТОГРАДУ

Ще трохи — і ти збожеволієш
від щастя продиратися крізь оці кущі.
«Суниця, — повторюєш, — малина,
порічка, ожина, ліщина, аґрус!» —
знову, як заклинання — спочатку.

Сполохані птиці, деякий час покружлявши,
сідають тобі на плечі.
Мурахи повзуть угору
стовбурами твоїх ніг.
Ще трохи — і ти затремтиш
від насолоди вмирати у цих кущах,
гладячи теплих лисиць,
які перебігають стежку,
ще трохи — і ти переступиш . . .

Межа вертограду невидна.
Її, можливо, й немає, хоча
старий Петро стоїть, мов опудало,
відганяючи від саду
всіляку потолоч, охочу поласувати
ябками.

Твоє кружіння колись виявиться
недаремним.
Залишаючи на шпичастих гілках
рештки сорочки і шкіри,
прослизнеш-таки в найгустіші чертоги
кисню і світла! . . .

SEARCHING FOR THE GARDEN

A bit more and you will lose your mind
from the joy of making your way through these shrubs.
"Strawberries," you repeat, "raspberries,
redcurrant, blackberry, hazel, gooseberry!"—
and again, from the beginning, like an incantation.

The alarmed birds, after hovering for some time,
sit on your shoulders.
The ants crawl up
the trunks of your legs.
A bit more and you will start shaking
out of the joy of dying in these shrubs,
while caressing warm foxes
that run across the path,
a bit more and you will step over . . .

The boundaries of the garden are invisible.
Maybe they don't exist at all, although
old Peter stands like a scarecrow
and chases away from the garden
all kinds of rabble eager to feast on
the apples.

One day your hovering will appear to be
meaningful.
After leaving on the peaked branches
the remnants of shirt and skin
you will slip into the densest chamber of
air and light! . . .

Як і колись шепотітимеш,
мов заклинання: «Бузина,
калина, чорниця, шипшина, бузок!»
Впізнаватимеш кожен прожилок
на листках і кожну ягоду, і піщинку,
бо всьому є своя назва —
яко на землі, так і на небі.

You will be whispering as in the past,
like an incantation: "Elderberry,
cranberry, blueberry, dog-rose, lilac!"
You will recognize every thread
on the leaves, every berry, and every grit
for everything has a name,
both in the heavens and on earth.

[OK]

З «ІНДІЇ»

Індія починається з того, що сняться
сни про виправу на схід. І вони сюжетні, вони —
наче фільм, по якому блукаєш героєм-зухом.
Просто чуєш сурму або ґонґ, або дзвін води,
або голос, який шепоче: «Устань і йди!»,
але ти не певен, чи серцем почув чи вухом.

Індія — це не зовсім півострів. Це материк,
що межує з Нічим. Ані атлас, ані словник
не враховують факту, що світ оповитий Нілом.
Що зірки на небі — це, власне, одна з вистав
у театрі Бога. І, видно, час не настав —
площину нам легше вважати кулею. Тілом.

Ми вважаємо кулею те, що лежить, мов корж.
Але ти, почувши різке й наказове "марш!",
добуваєш меча і рушаєш на схід, аби вмерти.
І лаштуєш загін веселих та злих зарізяк,
і вони в поході співають приблизно так,
як ангели в небі нічні херувимські концерти.

Площина — це пустелі й царства, хребти, міста,
над якими лишень атмосферна густа висота
в сім ворожих небес, — і яка з них розрада чи манна!
Тільки втративши коней і друзів, увесь обоз,
виноградною впертістю кручених, битих лоз
ти проб'єшся туди, де доречне слово «рахманна».

From "INDIA"

India begins with dreams about setting out
on an eastbound journey. These dreams have plots, they are
like a film through which one wanders like a gallant hero.
You simply hear the trumpet, or the gong, or the ringing of water,
or a voice that whispers, "Get up and go!"—but you
are not sure if you heard it with your ear or your heart.

India is not exactly a peninsula. It is a continent
that borders Nothingness. Neither atlas nor dictionary
takes into account the world's being surrounded by the Nile,
or the stars in the sky being but a performance
in God's theater. And it looks like the time hasn't come yet:
it's easier for us to consider the plane a sphere. A body.

We consider a sphere that which rests like a flatbread.
But you, having heard the harsh commanding "march!"
procure a sword and set out eastward—to die.
You put together a squadron of merry and mean cutthroats;
along the way they sing somewhat like
the angels in their nighttime cherubic concerts.

The plane's made of deserts and kingdoms, mountain ranges and cities
above which is but the thick atmosphere that's
seven heavens high–and what discord or manna can come out of them!
Only having lost the horses, the friends, all the carts with supplies
through persistence like that of the twisted and battered grapevine
you'll make your way to the place where one hears the word *rahmanna*.

[VC]

II ПІСНІ ДЛЯ МЕРТВОГО ПІВНЯ

II SONGS FOR A DEAD ROOSTER

WITHOUT YOU

Знову, курва, радіо, телебачення, преса.
Влада собі як влада: суцільні бандити.
Тодішні хоч мали страх, а ці
нічим не кращі.

Я заборонив би дням, щоб минали без тебе,
їх підсумок жалюгідний ти не приходиш,
тебе немає вранці навіть у жодному дзеркалі,
ти не приходиш опівдні з косметичкою, піхвою,
підпахвою, шкірою, запахом, яблуком
що маю робити поміж полуднем і вечором?

Увечері ти не приходиш так само.
Я хочу знати, що сталося.
Можливо, ти йшла сюди,
можливо, тебе наздогнали,
напевно, згвалтували.

Тебе не згвалтувати не можна, так я думаю.
Це все радіо, телебачення, преса.
День без тебе моя бездарна самотність.
Я лежу під стелею, я минаю.
Нічого ніде не сталось, тебе немає.

Кілька збройних конфліктів,
пару зрадників на екрані.
Долар виріс,
російським рублем не торгували.

WITHOUT YOU

Again, damn it, radio, television, the papers.
The powers that be, as expected, are consummate crooks.
Those back in the days at least had some fear; today's are no better.

I'd forbid the days to pass without you;
their pitiful sum total—you don't come;
in the morning you are not to be found even in any of the mirrors,
you don't arrive at noontime with a purse, a vagina,
an underarm, skin, a scent, an apple—
what should I do between noon and the evening?

In the evening you also do not come.
I want to know what has happened. Maybe you were on your way here,
perhaps they were running after you, maybe they raped you.
I think they cannot not rape you.

All this is radio, television, the papers.
The day without you is my untalented loneliness.
I lie under the ceiling, I pass.
Nothing has happened anywhere, you aren't here.

A few armed conflicts,
a couple of traitors on TV.
The dollar exchange rate grew,
no trading in rubles today.

[VC]

AND THE THIRD ANGEL SOUNDED

Один із недобитих в дев'яносто першому
перестрів мене, підбитого, серед нічного Львова.
Нічний Львів переважно належить їм
я, напевно, єдиний, хто про це знає.
Він також хотів пива, як виявилось,
п'яний мародер, учасник бойових дій і т.д.

«Брат! казав до мене. Брат! Піва кончілась,
ти прєдставляєш? Піва кончілась, жена ушла!»

Я не знав, що буває на світі такий розпач.
Мені все причувалося щось про третину вод
і полин.
Ангел у футболці з третім номером ішов по небу
зі своєю дурнуватою дудкою.

Ми обійнялися, ніби перед стратою.
Перепрошую, перед стартом.

AND THE THIRD ANGEL SOUNDED

One of those guys not quite vanquished in ninety-one
came upon me, loaded, in the middle of nighttime Lviv.
Lviv at night belongs mostly to them—
I am probably the only one who knows this.
He also wanted beer, it turned out—
a drunk marauder, veteran of various campaigns etc.

"Bro," he told me, "Bro! Beer's finished,
imagine? Beer's finished, wife is gone!"

I did not know that such despair existed in this world.
I kept hearing something about a third of the waters
and wormwood.
An angel in a T-shirt with number three walked across heavens
with his stupid pipe.

We embraced like before the execution.
Or rather, excuse me, like at the starting line.

[VC]

WELCOME TO MY FOOLISH DREAMLAND

Тарас має рацію, коли пише
Нас не повинні зривати вранці будильники.
Ранок і без того пора сум'яття,
суцільна туга, найгірше, що може трапитись.
Необхідність якось прожити подальший день
в'яже до ліжка. Виграй ще півгодини.
Обдумай побачене.

Обдумування снів
це спроба навести лад у нічних пригодах,
надати сюжетові стрункості, видінням ясності.
Що сталося насправді? Якого хріна
п'яний Томас лишив під сидінням сухі
екскременти? Сексапільна черниця
чогось добивалась, показуючи пальцем
на мене? Ще пам'ятаю годинник.
До від'їзду лишалося море часу,
але не було змоги покинути трейлер
з юрмою знайомих. Що заважало?

Значно гірше, коли з оберемком квітів
ідеш до когось, кого насправді вже місяць
як убито, на ювілейний вечір.
Чому ювілейний? Ще дві хвилини
і я з'ясую, наздожену черницю,
Томаса змушу
після себе поприбирати . . .

Обдумування снів найчастіше
не дає нічого, крім паралельних висновків:
життя минає, проблема ранку
в тому, що воно все меншає й меншає.
Тільки у снах, де все по-дурному,
воно виглядає справжнім.
Тобто вічним. Виграй ще півгодини.

WELCOME TO MY FOOLISH DREAMLAND

Taras is right when he says,
Alarm clocks should not startle us in the morning.
Mornings are a time of confusion anyway.
All-encompassing anguish. The worst that could happen.
The requirement to somehow get through the rest of the day
pins you to the bed. Win another half hour.
Reflect on what you saw.

Reflecting on dreams—
it's an attempt to bring order to nighttime adventures,
make their plots graceful, make their visuals bright.
What really happened? Why the hell
did a drunken Thomas leave dry
excrement under the seat? The sexy nun,
was she demanding something when she pointed her finger
at me? I also remember a clock tower.
There was plenty of time to kill before departure,
but no way of leaving the trailer
crowded with friends. What hindered me?

It's much worse when, a bunch of flowers in your hand,
you're on your way to visit someone who actually
was killed a month ago, to their anniversary party.
Why an anniversary? Another two minutes,
and I will explain, I'll catch up with the nun,
I will make Thomas
clean up after himself . . .

Reflecting on dreams
leads to nothing but parallel conclusions:
life slips away; the problem of mornings
consists in life getting shorter and shorter.
Only in dreams, where everything is stupid,
does life look real.
And thus eternal. Win another half hour.

[VC]

62

I WANNA' WOMAN

Сьогодні знову говорили про онаніста.
Літня спека притягує до річки повно жіноцтва,
вони показують усі без винятку частини тіла
з більшим чи меншим ступенем відкритості
і неуважності.
Деякі з них виголені під пахвами,
інші мають синці на стегнах.

«Осторожно, там опять *этот* засел»,
попередила бабця з козами,
киваючи на зарості верболозу
так ніби це була наша проблема.
Так ніби це нас він розглядає з біноклем
і збудженим придихом.

Ми завжди готові прогнати його палицями
і свистом.
Або, коли доведеться, розтрощимо череп
сокирою чи
повиколюєм очі шампурами —
нехай тільки сунеться!

Але–можете бути певні —
навіть і після цього,
уже без бінокля, уже з порожніми очницями,
він усе одно залізе в ці зарості,
нюхатиме гаряче тіло повітря,
ліпитиме в ньому мокрих жінок для підглядання
і стогнатиме, наспівуючи
почуту зранку на «Промені» пісеньку
«Ми так цього тепла затято прагнули . . .»
Ще кілька тижнів і серпень закінчиться.
Ще кілька зусиль і розверзнеться прірва.

I WANNA' WOMAN

Today they talked again about the masturbator.
Summer heat attracts plenty of womenfolk to the riverbank,
they display all body parts without exception
with a greater or lesser degree of openness
and inattentiveness.
Some of them have shaved armpits,
others have bruised hips.

"Careful, *that guy*'s there again,"
warned a granny with goats,
nodding towards a willow thicket—
as if this were our problem.
As if he was looking at us through his binoculars,
his breath halting from excitement.

We are always ready to chase him away with sticks
and whistles.
Or, if need be, smash his skull
with an axe or
gouge his eyes with skewers—
let him only try!

But—rest assured—
even after all of this,
already without his binoculars, with empty eye sockets
he will all the same crawl into these thickets,
sniff the hot body of air,
sculpt out of it wet women to spy after,
moan and hum a tune
he heard on the radio this morning,
"We yearned so much for the warmth . . ."

A few more weeks, and August will come to an end,
A few more tries, and the abyss will open.

[VC]

64

GUESS WHO WAS MY GUEST

Повісивши на ручку дверей трикутник
з написом Do not disturb please,
готельний злодій
зачиняється в моїй кімнаті.
Його цікавлять гроші і коштовності.
Мене, власне кажучи, теж.

Виявляється, в цій країні так само
є злодії.
Один з них саме переглядає шухляди,
мої фотокартки, записники
[чому в мене їх два якого біса
я досі не звів усі адреси в один?],
делікатно перетрушує вміст валізи,
делікатно лишає в спокої найінтимніші речі,
як наприклад іграшкового «крайслера»,
дурнуватий сувенір від спонсорів.

Потім він тягне з бару одну дієтичну колу,
машинально п'є її,
роздивляється кириличні літери
на моїх книжках,
доходить висновку, що я росіянин.

I can't give you anything but love.

Але й тут я загнув.
Бо навіть любові я тобі дати не можу
хіба що братньої,
котра в рахунок не йде.
Такі часи.

GUESS WHO WAS MY GUEST

Having hung on the door the triangular sign
with the words *Do not disturb please*
the hotel thief
locks himself in my room.
He is interested in money and valuables.
So am I, actually.

It turns out in this country they also
have thieves.
One of them at this very moment is perusing the drawers,
my photographs, address books
[why do I have two of them—why the hell
didn't I file all the addresses together?],
delicately sifts through the contents of the suitcase,
delicately leaves in peace the most intimate things,
for example, a toy Chrysler car—
a silly gift from festival sponsors.

Later he grabs from the bar a diet coke,
drinks it mechanically,
looks at Cyrillic letters in my books,
and concludes that I am Russian.

I can't give you anything but love.

But here too I overshoot.
I can't even give you love—
except for the brotherly one
which doesn't count.
Such are the times.

В останню мить він усе ж знаходить
свої чотириста з гаком баксів,
не погребувавши і двадцяткою гривень,
напевно приймаючи їх за якісь алжирські динари,
заодно прихопивши і залізничний квиток
на зворотнє сполучення Києва зі Львовом.

Дуже він йому знадобиться в його Швеції,
де немає Києва, де немає Львова,
де сама лише чужина!

Я вже в ліфті,
коли він виходить в коридор,
коли причиняє двері за собою,
коли перевішує трикутник на клямці
тепер уже доречнішим боком
Please make up.

Зустрічаємося коло ліфта.
Вибач, я не зміг дати тобі любові.
Купи собі героїну на всі чотириста.

At the last moment he does find
his four hundred plus bucks,
and doesn't neglect the twenty *hryvnias* either,
probably taking them for some Algerian dinars,
as well as the return railway ticket
from Kyiv to Lviv.

A lot of use it will be for him in this Sweden of his,
where there's no Kyiv, no Lviv,
where there's nothing but a foreign land!

I'm already in the elevator
when he leaves for the hallway,
when he closes the door behind himself,
when he flips the triangular sign
to the now appropriate side saying
Please make up.

We meet by the elevator.
Sorry I was unable to give you love.
Buy some heroin for yourself for all the four hundred.

[VC]

CALIFORNIA DREAMING

Забуваю назви, особливо іспанські.
Все, що лишається Сан-Франциско,
Ел Ей, а відтак, безумовно,
Санта-Барбара, Санта-Моніка, Санта-Крус.
Пам'ятаю швидше за серіалами, яких не дивився.
Але як бути з назвами вулиць?
Островів і заток, бухт? В'язниць?

Гаразд, пам'ятаю чи не всі імена:
Вероніка, Наталя [збився, ще раз!], Наталя,
Вероніка, Ярослав Б.Б., потім ще той російський
хлопчина і, звісно Лонгин.
Те, що ми розпивали вночі на пляжі,
було *сливовиця хорватська*
ідеальна штука, щоб розігріти
внутрішній світ, себто органи, після борсання
            в зимному океані.
Ми забігали в нього, немов у ніч,
вибігали на берег і заливали
всередину *сливовицю хорватську*.
Гаразд, пам'ятаю, що це була сливовиця.
Пам'ятаю й те, що хорватська.
Але як називався океан?

Так, безумовно, китаєць, якого ми
застукали за дванадцять хвилин
до ґонґу, тобто до закриття брами
і кухні, вибрав собі не найкращу назву
Dragon River [уявити лишень ці джонки і цю
потвору, що б'є хвостом по воді і плюється вогнем!],
            але що,
що було потім? *City Lights*? Якісь перехрестя?
Дженіз Джоплін та інші?

69

CALIFORNIA DREAMING

I forget place names, especially in Spanish.
All that remains: San Francisco,
L.A., and, therefore,
Santa Barbara, Santa Monica, Santa Cruz.
I remember those rather because of the soaps I never watched.
But what about the street names?
The islands, the bays, the coves? The prisons?

All right, I think I remember the names of the people:
Veronica, Natalia [here I stumble, so let's start again], Natalia,
Veronica, Yaroslav B.B., then there was that
Russian boy, and, of course, Longinus.
And what we drank on the beach
was Croatian *slivovitz*—
just the right thing to warm up
the inner world, that is, the organs, after splashing in the cold
ocean.
We ran into it, as if into the night,
we ran back to the shore and poured
Croatian *slivovitz* inside.
All right, I remember that it was *slivovitz*.
I even remember that it was Croatian.
But what was the ocean called?

And of course, the Chinese guy, whom we
surprised twelve minutes
before the gong, that is, before the closing of the gates
and of the kitchen, he certainly didn't choose the best name:
Dragon River [just imagine those junks
and that monster beating its tail on the water and spitting fire!];
but what,
what was next? City Lights? Some intersection?
Janis Joplin and others?

Дорогою з Фриско до Пало-Альто
позасинали всі включно з Лонгином.
Він був за кермом.
Океан був справа, місяць угорі,
життя
як і смерть
попереду.

On the way from Frisco to Palo Alto
we all fell asleep, including Longinus.
He was at the wheel.
The ocean was on the right; the moon was up high;
life—
like death—
was ahead.

[VC]

GLORY TO THE CAMELS

З нас вийшла настільки чудова пара,
що ми годилися навіть для рекламного кліпу.
Приблизно такого:

За стійкою бару сидить Він.
За кілька стільців далі — Вона.
Ось Вона починає нишпорити в торбинці.
Він подає їй у простягнутій руці
відкриту пачку сигарет.
У цю мить Вона встигає знайти в торбинці
свою.
Він сміється.
Вона посміхається.

Наступний план:
дві пачки кемелів на стійці бару
одна коло одної,
одна коло одної.
Попільничка, недокурки, дим.

Потім знову:
Він і Вона разом виходять з бару.
Зрозуміло, в майбутнє.

Напис:
СИГАРЕТИ «КЕМЕЛ»
САМ ПО СОБІ ПРЕКРАСНИЙ ПРИВІД ДЛЯ ЗНАЙОМСТВА!

Залишалося кілька дрібниць:
підібрати музичне тло,
домовитися про інтер'єр і масовку,
вирішити, що там з майбутнім.
Спершу було кілька

GLORY TO THE CAMELS

We made such an excellent couple
that we would have been perfect for a TV commercial.
For example:

He is sitting at the bar counter.
She is a few stools away.
She starts looking through her purse.
He offers in an outstretched hand
an open pack of cigarettes.
At the very same moment She finally finds her own
inside the purse.
He laughs.
She smiles.

Next frame:
two packs of camels on the bar counter
one by the other.
An ashtray, butts, smoke.

Then again:
He and She leave the bar together.
Naturally, for the bright future.

An inscription:
CAMEL CIGARETTES
AN EXCELLENT REASON TO GET ACQUAINTED!

A few trifles remain:
choosing the background music,
arranging for interior decoration and the extras,
deciding about the future.

непоганих листів.
Потім хтось із двох уперше затримався з відповіддю.
Потім це стало нормою, потім обов'язком
стало відписування.
Життя повернуло на місце все, що схотіло.
Тепер залишається думати:
чи було взагалі що-небудь, крім диму?

Але якої холери ти, монстре,
чавив свої жовті недокурки в попільничці
так розпачливо, ніби погонич верблюдів,
помилково допущений до пристойного товариства?. . .

First came a few
really good letters.
Then one of them answered with a delay.
Then this became the norm, then replying
became a duty.
Life put back into place all that it wanted.
Now all that remains are thoughts:
was there anything there to begin with besides the smoke?

But what the hell for, you monster you,
did you squish your yellow butts in the ashtray
with such desperation as if you were a camel herder
accidentally admitted into decent company?...

[VC]

LIFE IS A LONG SONG

«Дивіться!
А цей таки визнав, що боїться смерті»,
Показав на мене пальцем один розумаха
З нетиповим блиском в очах.
Зрештою, то могли бути скельця.

Останнім часом мене люблять
Публічно запитувати про найінтимніше:
Наприклад, який мій найтяжчий гріх?
Що мені снилося із середи на п'ятницю?
Чи подобається мені найвище керівництво країни?
Чи хотів би я бути сумлінням нації?
І чого я боюся?

Відповідаю переважно так, як можу.
Коли розмова при чарці або з похмілля,
То значно відвертіше.
Коли на тверезу голову
То вигадливіше й химерніше переважно.

Того разу я сказав,
Що боюся смерті близьких людей.
Головним чином від нещасного випадку.
Хоч насправді наше життя довге,
Ніби пісня про Довбуша,
І смерть мусить сприйматися, ніби розв'язка,
Давно очікувана через те, що стомлюєшся співати.
Але в цитуванні найважливіше
Це своєчасно поставити крапку, про що
Розумаха знає ще від батьків-наставників.
І поставивши крапку де хоче,
Самостверджується, як може.

LIFE IS A LONG SONG

"Look! This guy admitted
that he's scared of death!"
a certain wise-guy pointed his finger at me,
a weird glint in his eyes.
I suppose it could have been the glasses.

Lately they like to ask me in public
about the most intimate things.
For example, my gravest sin.
What I dreamt of from Wednesday to Friday.
If I like the leaders of the country.
Would I like to be the conscience of the nation.
And what I'm scared of.

I usually answer
the best I can.
When the conversation is over a drink, or after one,
much more openly. When
sober, in an artsy
and fanciful way, as a rule.

This time I said
I was scared of the death
of those close to me.
Mainly through accidents.
Although really, our life is long
like a folk song about Dovbush
and death should be viewed
as a resolution
long awaited, because you got tired of singing.

«Він визнав!
Дивіться всі на його страх!»

Так, я справді не боюся сказати, чого я боюся.
Так, я справді боюся нічних телефонних дзвінків
Та е-мейлів із записом sad news у суб'єкті.
Дивіться всі на мій страх: от, як я боюся.

В усьому ж іншому це просто пісня,
Довга прекрасна пісня про шлях до прірви
Чи, скажімо, не менш прекрасна про кулю в потилиці.

But the most important thing when you quote is
timely putting the full stop,
which this wise-guy
still remembers from his mentors.
And, putting the full stop where he pleases, he seeks to assert himself:
"He admitted it! Look everybody, look at his
fear!"

Indeed, I am really not afraid to say what I'm scared of.
Yes, I am really scared of the phone ringing at night
and emails with *sad news* in the subject line.
Look, everybody, look at my fear:
this is how I'm afraid.

But apart from everything else, *this* is just a song,
a long and beautiful song of the road to the abyss
or, let's say, and no less beautiful,
about a bullet in the head.

[VC]

80

BOMBING NEW YORK CITY

Осіб жіночої статі запрошуємо на вихід
зникнути у темряві.
Цей номер суто наш, чоловічий.
Зрештою, так захотіла природа,
саме цю непотрібну стать наділивши здатністю
без води гасити жевріючі багаття.

Небо над нами в зірках. Це серпень, серпень.
Місто під нами прекрасне, ніби Галактика.
Це серпень, серпень.
Це багаття, при якому щойно сиділи.

«Це Нью-Йорк, кажу я.
Приготуватись до бомбардування».
Починаємо неводночас,
але всі четверо. Струмені перехрещуються,
місто під нами сичить і насне цілими
кварталами.

«Більше уваги Мангеттену, кажу я.
Чорний Гарлем і Бронкс не чіпаємо».
«З Брукліном і Квінсом покінчено»,
доповідає Джон,
дещо п'яніший і зосередженіший.

Поваливши Крайслер, Сіграм та Емпайр Стейт,
ми і цілому задоволені операцією.
Затягуємо замки на ширіньках, відходимо
на базу, в темряву, почуваючись небесними асами.

Мине місяць і такі жарти видадуться
поганими.

BOMBING NEW YORK CITY

Those of the female persuasion are requested to exit,
disappear into the darkness.
This is a guy thing.
After all, Mother Nature herself planned it this way,
bestowing on this useless sex the capacity
to put out smoldering bonfires without a drop of water.

The sky above us is star-filled. It's August; yes, August.
The city below us as fabulous as the Galaxy.
It's August; yes, August.
Here's the bonfire we sat around moments ago.

"This is New York," I say.
"Prepare for bombing."

We start, out of sync,
but all four of us. The streams cross,
the city beneath us hisses, entire neighborhoods
go dark.

"Manhattan needs greater attention," I say.
"But we keep off the Bronx and the Black Harlem."
"Brooklyn and Queens are finished,"
John reports,
a bit drunker and more focused.

Having demolished the Chrysler, Seagram, and the
    Empire State buildings,
we are on the whole pleased with the operation.
We pull up our zippers, return
to base, into the darkness, feeling like air aces.

A month later—such jokes
would be in terrible taste.

[VC]

82

SEVEN-ELEVEN

У *міжнародному* потязі Чернівці — Перемишль,
на перегоні між Франківськом і Львовом,
коломийські заробітчани і заробітчанки
вголос підраховують
учорашні літаки над Америкою.

Одинадцять літаків, цілих
одинадцять!

Я подумки приєднуюся,
подумки загинаючи пальці.

Перші два роз'їбали
World Trade Center,
ще два врізалися
в будівлю Пентагону.
Маємо чотири.

П'ятий упав у лісах Пенсильванії
[чи не під тими соснами, котрі я востаннє
обіймав у червні?]

Ще один над Чикаґо.
Плюс один на Ел-Ей.

Маємо сім. Але де інші чотири?
Ще літають? Збиті?
Чи вибухнули в небі? І як там Лас Веґас?

І де був Малдер, і що робила Скаллі?
І чому Брюс не закрив собою
жодної кабіни пілотів,

SEVEN-ELEVEN

On board the *international* train Chernivtsi–Przemysl
on the stretch between Ivano-Frankivsk and Lviv
migrant workers from Kolomyia
count out loud
yesterday's planes over America

Eleven planes, a whole
eleven!

In my mind, I join in,
folding—in my mind—my fingers.

The first two wiped out the World Trade Center,
two more crashed into the Pentagon.
That's four.
The fifth fell in the woods of Pennsylvania.
(Perhaps by those very pines which I last
hugged this June?)

One more headed to Chicago.
And one more to Los Angeles.

So, we have seven. But where are the other four?
Are they still flying? Have they been shot down?
Did they explode in the sky? And what about Las Vegas?

And where was Mulder, and what was Scully doing?
And why didn't Bruce shield any of the pilots' cabins
with his own body,
out of eleven, not a single one of them?
And why didn't Mel, or Chuck, or others,
not to mention Nic Cage or Arnold,

з одинадцяти жодної?
І чому ані Мел, ані Чак, ані інші,
не кажучи вже про Ніккейжда чи Арнольда,
не втрутилися в аферу, стікаючи кров'ю,
за півсекунди
до катастрофи
розбивши капсулу, повернувши важіль,
дотягнувшись кінчиками пальців
до детонатора?. . .

Найстрашніше це коли герої безсилі.
Найсумніше, коли рятівники не рятують.
Боже, врятуй хоч Ти:
і цю дитинну Америку, і всіх нас, хто в дорозі,
і тих, які вдома, і навіть тих божевільних . . .

Якщо це тільки входить у Твої наміри.

join the action, bleeding profusely,
half a second before the catastrophe,
break the capsule, pull the lever,
reach the detonator
with the tips of their fingers?

The most terrible thing is when heroes are powerless.
The saddest is when saviors don't rescue.
Oh Lord, You at least, please rescue
this childish America, and all of us travelers,
and those who stayed at home, and even those madmen....

As long as this fits in with Your plans.

[VC]

86

WITHOUT YOU-2

Ті самі запахи, ті самі
ароматичні свічки, інші тому подібні фішки:
дзвіночки, будди, нью-ейджові записи,
Блаватська . . .

В усьому іншому після нас був повний порядок,
хіба що господиня квартири
мусила зауважити кілька плям на простирадлі.

На жаль, ми не вміємо робити цього чистіше.
Чистіше могли б ангели,
але вони не кохаються.
Чистіше не буває.

Хтось хотів, аби через паузу
в сімнадцять місяців я знову там опинився:
ті самі запахи, ті самі
ароматичні свічки, інша тому подібна індія:
мандала, кастанеда, кістяні палички, нью-ейджові
дзвіночки . . .

І така довга ніч, і така самота під стелею,
і така цілковита незаплямованість,
що з'явилися непогані шанси
на потрапляння в небо.

Але там не кохаються.

WITHOUT YOU-2

The same smells, the same
scented candles, and various other contraptions:
bells, Buddhas, new age recordings,
Madame Blavatsky . . .

As for the rest, we left it in perfect order,
the landlady might only have noticed
a couple of stains on the sheets.

Sadly, we don't know how to do it more neatly.
Angels could do it more neatly,
but they don't make love.
There's no such thing as more neatly.

And then someone willed so that after
a seventeen-month interruption I found myself there again:
the same smells, the same
scented candles, all this pseudo-Indian stuff:
mandalas, castanedas, chopsticks, new age
bells and whistles . . .

And a night so long, a loneliness so complete under this ceiling,
and such utter stainlessness
that chances of getting into heaven
are suddenly not too bad.

But they don't make love there.

[VC]

GIRL YOU WILL BE A WOMAN SOON

Дякуючи яхт-клубові, курсам англійської мови,
полоністиці та україністиці
за те, що виховали її спеціально для мене,
дякуючи всім редакціям, до яких вона пише,
журналові *Russian Military Review*,
який вона читає в берлінських ес-банах,
музиці, яку слухає,
фільмам, які дивиться,
комп'ютерним іграм, в які програє,
за те, що вона є вона є вона є вона,
дякуючи її дідові, котрий каже
Не їдь до Львова такого міста немає,
дякуючи всім поколінням її предків
за те, що несвідомо злягаючись
вимостили їй тисячолітній шлях до втілення
[спеціально для мене],

прокрадаюся в її сни, дякую
дякуючи
за нагоду снитися,
нагоду відлунювати,
пульсувати
і дякувати.

GIRL YOU WILL BE A WOMAN SOON

Thanks to the marina, to the English,
the Polish, and the Ukrainian studies,
for bringing her up just for me,
thanks to all the media outlets to which she contributes,
to the *Russian Military Review*
which she reads in Berlin's S-Bahn cars,
to the music she listens,
the movies she watches,
the computer games she loses,
for her being her being her,
thanks to her grandpa who says
Don't go to Lviv; there is no such city,
thanks to all the preceding generations
for them congressing unconsciously
paving her centuries-long path to incarnation
[just for me],

I sneak into her dreams, I thank her
for thanking her
for the chance to be dreamt of,
the chance to echo,
to pulse
and be grateful.

[VC]

JUST IN BETWEEN

. . . це трохи так, як з готельними
номерами
виселення перед дванадцятою,
отже, ми зачиняємо двері,
збігаємо вниз
і здаємо ключі у рецепцію.

Але що з номерами?
що відбувається з ними без нас? що стається
з усією плутаниною простирадел, з усім бардаком,
усіма рушниками,
подушками,
попелом у попільничках?

Чи так само його здуває
віконний повів?
чи так само скрапує кран
над ванною? чи
запотіле дзеркало врешті прояснюється?
що в ньому видно?

[як повідав би Класик:
О, багато я дав би за те,
аби тільки побачити,
що відбувається з номером,
котрий я навіки покинув!]

Зрозуміло, що згодом з'являється покоївка
з метою витерти кожен найменший слід
після нас, ніби нас не було.
І це їй вдається.

JUST IN BETWEEN

... it's a bit like hotel
rooms—
you have to check out by noon,
so we shut the door,
run downstairs
and hand in the key at the front desk.

But what about the rooms?
what happens to them without us? what befalls
all those tangled sheets, all that mess,
all those towels
and pillows,
and the ash in the ashtrays?

Do the gusts of wind from the window
still blow it?
does the tap still drip
over the bathtub? does
the fogged-up mirror clear at last?
what can you see in it?

[as the Bard might proclaim:
Oh, what would I give
just to see
what happens to a room
that I've left forever!]

Obviously, the maid eventually appears,
her goal to wipe away the slightest trace
of us, as if we had never been there.
And in this she succeeds.

Зрозуміло й те, що пізніше
тут з'являться інші, інакші,
поселені.

Але що стається в час *поміж*?
Поміж нашим виходом і появою
покоївки?
У готельному номері,
де так близько лежалось удвох,
так близько дихалося?

Obviously, later
other, different others show up,
assigned to this room.

But what happens during the *between*?
Between our departure and the appearance
of the maid?
In the hotel room
where we lay so close, the two of us,
breathing so close?

[VC]

MÜNCHEN HAUPTBAHNHOF—ROMA TERMINI

На перевалі Бреннеро Ніна врешті побачила
італійців.
Якісь карабінери у чорному
стрімко пройшлися всіма вагонами,
мимохідь косуючи оком на пасажирів.
Зрозуміло, це тільки про всяк випадок
а раптом якісь араби
чи, наприклад, українці.

Хоча ні якщо б вони шукали
українців,
то якого біса нам це так легко
минулося? Чому принаймні не
запитали про паспорт? Тому що ми мовчали?
Не виглядали на співвітчизників?
Утікачів? Нелеґалів?
Ах ці подружні пари, що їдуть собі
до Італії! Вони просто мовчать
і дивляться у вікно.

Потім усі принади Альто Адідже:
скелі, провалля, зміїне звивання потяга
між тунелями, руїни замків, заїздів, ліси
під небом [повний перелік див.: «Перверзія»,
видання друге, доповнене],
ми знову могли розмовляти,
по стількох роках ми знову змогли
розмовляти!
Самі в купе, єдині у потязі,
двадцять років одружені,
цілком леґальні.

MÜNCHEN HAUPTBAHNHOF—ROMA TERMINI

At the Brenner Pass Nina finally saw Italians.
Some *carabinieri* in black
swiftly walked through all the train cars
casually casting sideways glances at passengers.
Of course, this is all done only just in case—
what if there are some Arabs on board,
or, for example, Ukrainians.

Although no, if they were looking for
Ukrainians,
why the hell did we get through
so lightly? Why didn't they at least
ask for passports? Because we were silent?
Did not look like our compatriots?
Like escapees? Like illegals?
Ah, these married couples traveling
to Italy! They simply stay silent
looking out the window.

Later came all the lures of Alto Adige:
the rocks, the gorges, the train snaking
between the tunnels, ruins of castles and lives, forests
below the wide-open sky (for the full list see: *Perverzion*,
second expanded edition)—
we again could talk,
after so many years we again could
talk!
Alone in our compartment, the sole ones on the train,
married for twenty years,
fully legal.

Здається, після Верони
набилося італійців. Вони досідали
і досідали. Ми заснули,
щоб з ними не розмовляти.

Це така пара заробітчан,
думали італійці. Їх легко розпізнаєш
спершу вони мовчки дивляться у вікно,
а коли стемніє, вадють, ніби засинають.
Життя ня прострочéній візі
це таке досить нервове шамотання,
тому, так і не знайшовши роботи в Римі,
вони потягнуться далі на південь,
де не конче винаймати дах над головою,
тож можна заощадити клуглу суму,
зимуючи в самшитових заростях на узбіччях
вокзалів.

Вони знали про нас усе.
Переважно з того, чого ми ніколи не взнаємо.

I think it was after Verona
that lots of Italians crowded our car. They kept boarding
and boarding. We fell asleep
to avoid talking to them.

This is a migrant worker couple,
the Italians thought to themselves. They are easy to spot—
first they silently look out the window
and when it grows dark, pretend to fall asleep.
Living on an expired visa
is a rather nerve-wracking running around,
thus, failing to find work in Rome
they will head further south
where it is not absolutely necessary to rent a roof over your head,
therefore, you can save up a tidy sum
by wintering in the boxwood thickets on the sides of
train stations.

They knew everything about us.
Mostly those things we would never learn ourselves.

[VC]

ABSOLUTELY VODKA

Горілка украй розбещує
чоловічі товариства.
Мусить бути хоч якась дама
інакше капець. На третій годині всі
звіріють, на четвертій можливе
розмахування бритвами чи топірцями.
На п'ятій відбуваються каяття з плачем,
цілування рук і ніг,
тож украй необхідна хоч якась дама,
щоб це не виглядало так огидно.

Того разу в нашому товаристві
не було жодної дами
Йшла п'ята години пиятики.

Він намагається щось вичитати
з моєї долоні.

Ого, каже він, я навіть не можу
сказати тобі всієї правди, ого,
Кажи, кажу.

[Мені по цимбалах, я хоч і зараз готовий
на все – у свої тридцять років, бо я
готовий, бо п'ята година, бо маю право
на правду, бо мені по цимбалах].

Ого, каже він, я навіть не знаю,
як це тобі сказати, ого.
Вали, палю.

ABSOLUTELY VODKA

Vodka utterly ruins
male company.
There must be at least one woman—
otherwise it is straight to hell. In the third hour,
the beast awakes; in the fourth, the waving
of razors and axes becomes possible.
In the fifth, tearful confessions,
kissing of hands and feet.
At least one woman is indispensable
so that it all doesn't look so disgusting.

This time among us
there were no ladies.
And it was the fifth hour of drinking.

He tries to read something
in my palm.

Wow, he says, I can't even
tell you the whole truth, you know what I'm sayin'.
Say it, I say.

[I can't care less, though now I'm ready
for anything: aged thirty, because
I'm ready, because it's the fifth hour, because I have a right
to know the truth, because I can't care less.]

Wow, he says, I don't even know
how to tell you, you know.
Go ahead, I say.

[Мені фіолетово, я хоч і зараз вену
чи кулю в чоло у свої заледве тридцять,
бо я фіолетовий, бо п'ята година, бо хочу
знати, якою страшною вона б не була].

За третім разом він вимовляє
своє «сорок сім». Ах, яка полегкість!

Цілих сімнядцять років! Яка просторість!
Яка прозорість
на обріях!

Пам'ятаю як зараз:
десь коло третьої ранку
ціле кодло вивалює на свіже повітря
все допито, жодної сигарети,
спотикаючись розтинаємо темряву.

Потім ще зненацька:
спітнілу долоню витираю об зелену траву,
саме так, зелену, бо середина квітня.

*[I don't give a damn, at a moment's notice—slit the veins
or a bullet in the head—I'm just barely thirty,
I'm wasted, it is the fifth hour, I want
to know, no matter how awful the news].*

At the third attempt, he tells me
his 'forty-seven.' Ah, what a relief!
A whole seventeen years! How much space!
What lucidity
on the horizon!

I remember as if it were yesterday:
around three a.m.
our whole gang bursts out into the fresh air:
booze is finished, no cigarettes left;
stumbling, we cut through the darkness.

Then suddenly something like this:
wiping my sweaty palm on the green grass,
yes, exactly, green because it's the middle of April.

[VC]

NOTHING BUT BUDAPEST

Я навіть мив би тепловози
на вокзалі Келеті
аби бути тільки ближче до Буди з її зеленими
пагорбами.
Аби тільки не сказати ні слова,
сидіти і слухати,
як навколо мене всі про щось говорять угорською.

Згідно з Петером Зілагі
упродовж останніх кількох років
угорці позбулися світової першості
в самогубствах
і тепер вони десь лише в першій
п'ятірці.

Це може означати, що вони
віднаходять усе більше порозуміння зі світом.
Тобто що їхню мову розуміє все більше людей.
Це може так само
не означати нічого
за винятком передчасності висновку.

Мені викликали таксівку
десь між першою й другою ночі, водій
мав років з вісімдесят
і не розмовляв жодною туристичною мовою.
Добре, що о такій пізній годині
подорож з Пешту до Буди
не триває занадто довго,
інакше мені довелося б чимшвидше
оволодіти угорською,
щоб якось підтримувати з ним розмову,

NOTHING BUT BUDAPEST

I could even wash locomotives
at the Keleti Station—
just to be closer to Buda and its green
hills.
Not uttering a word,
just sitting and listening
as all around me people talk about something in Hungarian.

According to Péter Zilahy
in the last few years
Hungarians have lost their top place in the global rates
of suicides
and now they are just in the top
five.

This might imply that they
are achieving an ever-greater mutual understanding
        with the rest of the world.
That is, more and more people understand their language.
It could just as well
not mean anything
other than it being too early to make a conclusion.

They called me a taxi
sometime between one and two a.m.; the driver
was about eighty
and didn't speak any tourist language.
Good that at this hour of the night
the journey from Pest to Buda
does not take too long;
otherwise I would have had to quickly
master Hungarian

що з одного боку нелегко
після двох пляшок випитої нашвидку
паленки.

Перед мостом Свободи *[Szabadság híd]*
він, вочевидь, забувши, що я не з місцевих
[зважаючи на його вік,
це аж ніяк не дивно і навіть природно],
почав мені щось активно розповідати.
Так, ніби в нормальному своєму житті
я мию тепловози на вокзалі Келеті
і здатний розуміти, в чому там гумор!

Я ловив момент,
коли можна слідом за ним посміятися.
Хоч найсмішніше було інше:
він ніколи не чув назви готелю,
в якому я мешкав.
Я змушений був показувати дорогу
жестами, і лише катедра Св. Матіяша *[Mátyástemplom]*
врятувала мене, а заодно и його.

Я заплатив йому значно більше,
ніж вимагалося, після чого дізнався,
що в нього немає половини зубів —
так широко він усміхнувся.
Що він мені побажав
на прощання?

На добраніч? Спи спокійно? Щасти тобі,
синку, ти був у мене мільйонним?

Це залишиться моєю та його таємницею.
Так само, як той хворобливий пухкий циганчук,
що нюхав клей з целофанового пакета

to keep the conversation going somehow
which one should admit doesn't come easy
after two bottles of quickly consumed
Palinka.

In front of Freedom Bridge [Szabadság híd],
he, apparently forgetting that I am not a local
[keeping in mind his age
this was not strange at all, even natural],
started excitedly telling me something.
As if I, in my daily life,
washed locomotives at the Keleti Station
and could get the point of his story!

I tried to seize the moment
when I could follow him and laugh.
Although the funniest thing was altogether different:
he had never before heard the name of the hotel
where I was staying.
I had to show him the way
with gestures, and only St. Matthew's Cathedral [Mátyástemplom]
saved me, and him as well.

I paid him far more
than I owed him, after which I discovered
that half his teeth were missing—
so wide was his smile.
What did he wish me
as we parted?

Good night? Sweet dreams? Good luck,
son, you were my millionth ride?

This shall remain his and my secret.
Just like the sickly swollen young gypsy

наступного дня на острові Маргарити *[Margit sziget]*.
Ми зустрілися поглядами,
він якось так викинув уперед руку
йду геть, нічого ти тут не бачив, згинь.
Це залишиться нашою таємницею.

Не виключаю, що час від часу
він миє тепловози на вокзалі Келеті
аби тільки прожити, зжерти свій сендвіч,
запити пивом,
аби тільки ближче до Буди з її зеленими
пагорбами.

Аби тільки не кинутися в цей жахливий Дунай
з його тьмяно-сірими водами,
водночас просуваючи свою рідну країну *[Mágyarország]*
на кілька сходинок вгору
у світовій першості.

sniffing glue from a plastic bag
the next day on Margaret Island *[Margit sziget]*.
Our eyes met
and he stretched his hand forward oddly—
go away, you didn't see anything, get lost.
That shall remain our secret.

I do not rule it out that from time to time
he washes locomotives at the Keleti Station—
just to survive, scarf down his sandwich,
wash it down with beer,
just to be closer to Buda and its green
hills.

And not to jump into that frightful Danube
with its dark-grey waters,
thereby moving his homeland *[Mágyarország]*
a few places higher
in the global rankings.

[VC]

IN THE HOMELAND OF ROTKÄPPCHEN

Кажуть, ніби у січні тут нікого немає.
Жодної душі в палаці і прибудовах,
замки на дверях, садові рослини в мішках,
скульптури так само, дерева голі.
Десь я цебачив раніше.

Зате у травні тут усе зацвітає
пацієнтами.
Цілі кавалькади німців
на роликах, великах.
Закохані пари, передові загони пенсіонерів
у шортах. Ах, ще одна
артистична комуна,
гніздо романтизму! Вони купують
напої в оранжереї і, украй насолоджені
неповторністю місця, часу, себе та інших,
вирушають згідно з програмою далі
до меморіалу Червоної Шапочки.
[Кажуть, ніби саме в тутешніх лісах
свого часу трапився той прикрий інцидент з Вовком.]

Що стосується самих пацієнтів,
то вони злазяться на терасу
о визначеній порі, тричі на день,
згідно з програмою поглинання їжі,
заповнення часу спілкуванням спільними мовами
[Беттіна фон Арнім, кажуть вони, Беттіна фон Арнім.
Бо це пароль.] Тут настільки гарно у травні,
що нічого не хочеться.

«Беттіна фон Арнім», кажу я до келиха
з вином і до попільнички. Ох я нещасний!

IN THE HOMELAND OF ROTKÄPPCHEN

They say this place is deserted in January.
Not a soul in the palace or the outbuildings,
doors padlocked, garden plants wrapped in burlap,
statues too, the trees naked.
I've seen it somewhere before.

But in May here everything blossoms
with patients.
Whole cavalcades of Germans
on rollerblades, on bikes.
Couples in love, an outpost of retirees
in shorts. Ah, yet another
artist commune,
a nest of Romanticism! They buy
soft drinks in the hothouse and, extremely pleased
with the uniqueness of the place, the time, of themselves
        and the others,
head onward according to the program—
to the monument to Little Red Riding Hood.
[Apparently it was in these very woods,
that unfortunate incident with the Wolf.]

As far as the patients themselves are concerned,
they wander out onto the patio
at the assigned time, thrice a day,
according to the schedule of devouring food,
filling the time with conversation in shared languages
[Bettina von Arnim, they say, Bettina von Arnim.
It's the password.] It is so nice here in May
that you don't really want anything.

Ох я невдячний! І звідки ця злостивість?
І навіщо з такою впертістю
думати про втечу, про гамівну сорочку,
про смугасті арештантські роби?
Ніхто не знає, чого від будь-кого з нас
очікувати. Ми на те й пацієнти,
щоб викидати коники.

Упродовж перших трьох діб
ніхто й не зауважить його зникнення.

Четвертого дня хто-небудь поцікавиться,
де в біса той череватий добряга-фін
з вічно розстебнутою ширінькою
й запахом пива з-під пахв? [Згадані описові
деталі з чемності не будуть сформульовані вголос.
Ясна річ, уголос це прозвучить
куди нейтральніше, як, наприклад:
«А де це наш фінський приятель?»]

П'ятого дня настане черга для персоналу
поприбирати в його кімнаті.

Отоді все і виявиться.

"Bettina von Arnim," I say to the glass
of wine and the ashtray. Oh, poor me!
Oh, ungrateful me! And why all this nastiness?
And why am I so stubbornly
thinking of escape, of a straitjacket,
of prisoners' striped uniforms?

No one knows what to expect
from any one of us. Indeed, that's why we're the patients—
to mess around.

For the first three days
no one would notice his disappearance.

On the fourth day someone would wonder
where the hell he'd got to, that big-bellied jolly Finn
with his fly permanently undone
and his underarms smelling of beer. [The above
details, out of politeness, will not be phrased aloud.
Naturally, they'd utter aloud
something more neutral, like for example,
"And where is our Finnish buddy?"]

On the fifth day it would be the time for the staff
to clean his room.

And then the truth would come out.

                                                    [VC]

WERWOLF SUTRA

Німецькою мовою це називається
Hochsitz.
Така дерев'яна будка на підвищенні,
звідки краще стріляється
по кабанах. Деякі кажуть, ніби
по оленях.
Але їх так багато, вони всюди
ці маленькі сторожові вежі.
Таке враження, що тутешній люд
живе винятково полюваннями або мріями.
Про полювання.

А ще тут водилося багато лисиць
[одна з них перебігала шосе
першого ж вечора]. Їм підсипають чогось такого
від сказу, їм уже не вдасться
сказитися.

А ще ці руїни, ці колишні
військові містечка! Зарослі хвощами
казарми, стрільбище, плац, катепе, капепе,
настінні розписи в гімнастичних залах,
настінні написи в умивальниках і сральниках.

Так і хочеться підняти вказівний палець
і повідомити: «Попіл імперій».

Тим часом ідеться про речі значно простіші.
О шостій ранку [в Москві була восьма]
їх виганяли з казарм.
Потім увесь той ідіотизм з піснями, фіззарядкою
і вмиванням, *довбання* мозгів, прибирання

WERWOLF SUTRA

In German it's called
Hochsitz.
A kind of wooden cabin on stilts
from which one can shoot
wild boar more easily. Some say,
deer.
But there are so many of them, they're everywhere—
these little watch towers.
It seems people here
live only for hunting or for dreams
about hunting.

There are also lots of foxes here
[one of them ran across the highway
on the very first night]. They add something
to the treats for them, against rabies, so that they would never succeed
in going crazy.

But also the ruins, these former
garrison towns! Overgrown with snake grass,
barracks, firing ranges, marching grounds, outbuildings, guards posts,
painted walls of the gyms,
scribbling on the walls of the washrooms and shit rooms.

You are tempted to raise your index finger
and declaim, "Ashes of Empires."

Meanwhile this is about much simpler things.
At six in the morning [eight by Moscow time]
they drove them out of the barracks.
Then all that idiocy with songs, morning calisthenics
and washing, brainwashing, cleaning

території, розлізле масло сніданку, день до вечора,
сколько дней до пріказа.

Тим часом ідеться
про рядових Мухамедярова, Федотова і Перевертня,
чиї імена навіки [та не навіки ж!]
записані на табличках [буття?] разом з номерами
їхніх камазів.

Федотов був посередині, справа Мухамедяров,
по ліву руку Федотова Перевертень.

З першими двома все ясно: росіянин, татарин.
Але хто третій? Куди з таким прізвищем?

Ніхто не любив Перевертня за вроджену хитрість
    і дурне прізвище.
Вони не могли не сміятися з такого прізвища.
Він і сам не знав, що воно означає.

Але німецькою мовою це буде
Werwolf! З чорним піднебінням!
Пострах навколишніх сіл і містечок!
Романтичний герой казок і балад!

О незнищенний, майже безсмертний вовкулако!
Утікай, поки вони зберуться на тебе
облавою! Поки приціляться зі своїх дерев'яних веж!
Дємбєль нєізбєжєн! Я вірю, ти зможеш!
Воскресни! Стань собою, Перевертню!

the grounds, the misshapen butter of breakfast, the day until evening,
so many days until the end of your term.

This time it's about
Privates Mukhamedyarov, Fedotov, and Pereverten,
whose names for eternity [really, for eternity?]
are inscribed on the tablets [of being?] along with the numbers
of their Kamaz trucks.

Fedotov was in the middle, Mukhamedyarov on the right,
on Fedotov's left side, Pereverten.

With the first two it's clear: a Russian, a Tatar.
But that third one? What on earth can you do with a surname like that?

No one liked Pereverten for his innate cunning and stupid surname.
They couldn't help laughing at a name like that.
He didn't know himself what it meant.

But in German it would be
Werwolf! With a black palate!
The terror of all the surroundings hamlets and towns!
Romantic hero of fairy tales and ballads!

Oh indestructible, almost immortal werewolf!
Escape before they gather to round
you up! Before they aim at you from their wooden towers!
Discharge day is certain! I know you can do it!
Resurrect! Become yourself, Pereverten!

[VC]

SIE KÖNNEN DEN COMPUTER JETZT AUSSCHALTEN

. . . аж урешті до мене дійшло:
я вже добрих півгодини сиджу
і тупо дивлюся в той монітор
з його останньою фразою.
І закінчено сеанс, і треба рушити з місця,
і передусім вимкнути комп'ютер,
і вийти.

Але що далі? І невже доведеться звикнути
до цих автокатастроф
з їхнім стовідсотковим влучанням?
До цих електронних послань,
що сповіщають про найгірше?
І як виявити протест? І проти чого?
Дертися на стріну чи вимкнути назавжди
комп'ютер?

Сашко Кривенко.
В ніч на сьогодні.
Пішов назавжди.

Я добре все зрозумів, нічого не наверзлося?
Бо якщо це роман,
то сюжетні ходи
робляться одноманітними.
В Автора очевидна криза.

SIE KÖNNEN DEN COMPUTER JETZT AUSSCHALTEN.
НЕ ЗАБУДЬТЕ ВЫКЛЮЧИТЬ ТЕЛЕВИЗОР.
НА ДОБРАНІЧ, МАЛЯТА, НА ДОБРАНІЧ.
НА СЬОГОДНІ БІЛЬШЕ НОВИН НЕМАЄ.

SIE KÖNNEN DEN COMPUTER JETZT AUSSCHALTEN

… until finally I got it:
I'd been sitting here for a good half hour
staring blankly at the screen
with its final sentence.
The session is over, and you have to move
shut down the computer
and leave.

But what next? And can you ever get used to
these car accidents
that hit the bulls-eye?
To these email messages
that relate the worst possible news?
And how to express protest? And against what?
Scale walls, or turn off the computer
forever?

Sashko Kryvenko.
Last night.
Left us forever.

Did I get it right, this was not some weird tripping?
For if this is a novel,
the plot twists
are becoming monotonous.
The Author is clearly in crisis.

SIE KÖNNEN DEN COMPUTER JETZT AUSSCHALTEN.
DON'T FORGET TO TURN OFF THE TELEVISION.
GOODNIGHT, CHILDREN, GOODNIGHT.
NO FURTHER MESSAGES TODAY.

[Безумовно, з кожним із нас
щохвилини може трапитись
автокатастрофа, серцева недостатність,
біла гарячка.
Усі ми передусім пияки,
як добре відомо нашим опікунам з Інтернету.
Наша країна давно з цим погодилась
і кожну подібну звістку
сприйймає з належним спокоєм.
Але чому від цього так темно в очах?]

Я виходу вдихнути бодай якогось
повітря і це ніяк не вдається.

SIE KONNEN DEN COMPUTER JETZT
AUSSCHALTEN.

То вже потім разом з повітрям
виявиться
ясніше ясного:

Там є одне таке місце.
Для таких, як Сашко Кривенко.
І звідти все видно.

І справа не в тому,
що він там, а ми тут,
хоч від цього не можеш не корчитися
посеред нашого зеленого світу.

А справа в тому,
що це називається визволенням
і воно одно неминуче,
як перша-ліпша автокатастрофа.

[Doubtless, all of us
at any moment could suffer
a car accident, a heart attack,
Delirium tremens.
All of us—we're mostly drunkards,
as our Internet guardians know well.
Our country came to terms with this long ago
and each such news item
is taken with proper calm.
So why does it turn so dark in my eyes?]

I go outside to at least catch
some air and I just can't.

SIE KÖNNEN DEN COMPUTER JETZT
AUSSCHALTEN.

And only later, along with the air,
it comes to me,
clearer than clear:

There is one such place.
For those like Sashko Kryvenko.
And from there you can see everything.
And the point is not
that he is there, and we are here,
although that can't fail to make you squirm
here in our green world.

The point is
that it's called liberation
and despite everything, it's inevitable,
just like a car accident.

                                    [VC]

NOTES

"Jamaica the Cossack": The poem alludes to the figure of Mamai the Cossack *[Kozak Mamai]*, a character often found in traditional Ukrainian folk painting, represented as a Cossack warrior at rest, enjoying food and drink, usually with his faithful horse grazing nearby.

"Yurtsio Drohobych . . .": Yuri *[Yurtsio* is a diminute form of the name] Drohobych [also known as Yuri [Jerzy] Kotermak; c. 1450 - 1494] was a philosopher, astrologist, and rector of the University of Bologna. He was born in the town of Drohobych, now in the western part of Ukraine.

"Dungeons": *Dorothy's, Under the Angel, Tartary* are the names of the medieval torture chambers located under the town hall in Lviv.

"Beer": The Golden Rose is a historic synagogue in Lviv. Built in 1592, it was destroyed by the Nazis in 1943. A small portion of the building survived World War II; after a restoration and conservation project, it was opened to the public as a memorial in 2016.

"Spirit": Josepha Kuhn was a German nun who lived in Lviv toward the end of eighteenth century and authored the book, *Lembergs schöne Umgebung* [*Lemberg's Beautiful Outskirts*].

"River": Poltva is a river in Lviv which was buried underground at the end of the nineteenth century and, consequently, turned into an urban sewer.

"Oblivion": Zamarstyniv, Kulparkiv, and Klepariv are old boroughs in the city of Lviv.

"Market": Lysenko Street is a street in the city of Lviv to the east of the historic city center. Known as Kurkowa Street until World War II, it was renamed after the composer Mykola Lysenko in 1945.

From "India": This is the opening section of a five-part poem. *Rahmanna* is a feminine form of the Ukrainian adjective *rahmannyi* [or *rakhmannyi*], which means 'humble, quiet.' Some etymologists link it with the Sanskrit word *brahman*.

"*München Hauptbahnhof—Roma Termini*": *Perverzion* [in Ukrainian, *Perverziia*] is the third novel by Yuri Andrukhovych, originally published in 1997; the English translation by Michael Naydan was published in 2005.

"In the Homeland of Rotkäppchen": *Rotkäppchen* is the German name of Little Red Riding Hood.

"Sie können den Computer jetzt ausschalten": The title phrase means "You can now turn off your computer." It is the German version of the notification that is visible on the computer monitor when one exits Windows.

Oleksandr [Sashko] Kryvenko [1963 – 2003] was a prominent Ukrainian journalist and public activist. He died in a car accident.

THE TRANSLATORS

VITALY CHERNETSKY is an associate professor of Slavic Languages and Literatures and director of the Center for Russian, East European & Eurasian Studies at the University of Kansas. He is the author of *Mapping Postcommunist Cultures: Russia and Ukraine in the Context of Globalization* (McGill–Queen's University Press, 2007) and of numerous articles on modern and contemporary Russian and Ukrainian literature and film. He co-edited the anthology, *Crossing Centuries: The New Generation in Russian Poetry* (Talisman House, 2000). His translations into English include two novels by Yuri Andrukhovych, *The Moscoviad* (2008) and *Twelve Circles* (2015).

OSTAP KIN's work has been published in *The Common, Modern Poetry in Translation, Poetry International, St. Petersburg Review,* and in various anthologies. He has edited the anthology, *New York Elegies: Ukrainian Poetry on the City,* forthcoming from Academic Studies Press, and he co-translated a chapbook, *The Maidan After Hours* (2017) by Vasyl Lozynsky. Kin lives in Brooklyn, New York